I0490065

Indice dei contenuti

Cambiamento di mentalità.

Raramente incontro un bambino che vuole fare il venditore. Politici, avvocati, medici, atleti, artisti e molte altre professioni hanno una cosa in comune: senza influenza, persuasione e negoziazione, le possibilità di successo sono estremamente basse.

Anche se avete talento e capacità, non è sufficiente per avere successo. Il motivo è che non sapevano come vendere.

Venditore o professionista delle vendite

L'ingresso in un ruolo di vendita avviene quasi sempre per caso. Forse avete appena iniziato a lavorare, oppure c'era un'esigenza aziendale urgente, o ancora qualcuno vi ha affidato il ruolo. Il fatto è che siamo tutti venditori e in tutti i settori della vita le abilità di vendita sono uno strumento utile per fare carriera e realizzare il proprio potenziale. Se guardate a coloro che hanno raggiunto un grande successo, vi renderete conto che la maggior parte di loro ha raggiunto, amplificato e accelerato i propri risultati grazie alle proprie abilità di vendita.

Vendite" non è una parola sporca. Per illustrare il mio punto di vista, permettetemi di presentarvi alcuni personaggi di alto livello che definirei i professionisti della vendita di maggior successo del pianeta.

- Steve Jobs.
- Martha Stewart.
- Leonardo DiCaprio.
- Martin Luther King Jr.
- Nelson Mandela.
- Sir Alex Ferguson.
- LeBron James.
- Richard Branson.
- Oprah Winfrey.
-

J.K. Rowling.

Probabilmente c'è una grande differenza tra l'immagine iniziale che avete di un venditore e questi professionisti della decorazione.

Nei miei seminari chiedo spesso al pubblico di indicare gli aggettivi che descrivono gli stereotipi dei venditori. Invariabilmente, ottengo le seguenti risposte.

- forzato
- avidità
- imbroglione
- disagio
- facile da gestire
- fibra
- Una storia fastidiosa.

Come si sentirebbe se qualcuno la descrivesse in questi termini? Immagino che non sarei molto felice. Immagino anche che uno dei motivi per cui avete preso in mano questo libro sia la paura di essere percepiti in questo modo.

Durante il seminario, allo stesso pubblico viene chiesto di indicare gli aggettivi che descrivono i venditori "professionali" piuttosto che quelli "stereotipati". Gli aggettivi vengono poi messi in fila in modo realmente contrastante.

- buon ascoltatore
- Problema. Soluzione
- empatia
- genuino
- Conoscenza.
- essere utile
- responsabile di ...

Ho sempre trovato questo esperimento molto interessante. È chiaro che la paura di essere un venditore è la paura di essere percepito come un venditore con questo primo attributo. Oggi il mondo è molto diverso, con la trasparenza creata dal potere delle recensioni, da Internet e dalla voce dei consumatori nei social media, che limita le possibilità di successo dei venditori.

Scegliere di essere un professionista significa trovarsi di fronte a due opzioni per acquisire nuovi clienti. Una è quella "reattiva", in cui si attendono le richieste di informazioni e si risponde non appena sono interessate, e l'altra è quella "proattiva", in cui ci si muove in modo attivo.

Esistono molte strategie per aumentare le richieste di informazioni in entrata, ma la cosa più importante è mantenere il controllo della situazione e disporre di un piano solido per avvicinare in modo proattivo un maggior numero di potenziali clienti. Mantenere il controllo è fondamentale per il successo nelle vendite. Costruendo processi per controllare il numero di clienti, potrete gestire la vostra attività in modo più sereno. Se vi affidate semplicemente a un approccio reattivo, il vostro successo o il vostro fallimento saranno molto variabili, con fattori esterni che giocheranno un ruolo importante sia nel successo che nel fallimento.

Scelta del focus.

La differenza principale tra marketing e vendite è che gli addetti al marketing si sforzano di acquisire nuovi clienti, mentre i professionisti delle vendite si prendono il tempo per selezionare i clienti. Se ripensando alla vostra esperienza pensate "non doveva succedere", probabilmente non si trattava del cliente perfetto che avete strategicamente selezionato.

Il primo passo è la selezione del cliente, un processo noto come "selezione del cliente".
"Prospezione". Al di fuori del mondo delle vendite, il termine è definito da Wikipedia come "la prima fase dell'analisi geologica di un'area...". È definito come. La ricerca fisica di minerali, fossili, metalli

preziosi ed esemplari di minerali. ......". Definita come. La prospezione è una piccola forma di esplorazione mineraria che è uno sforzo organizzato, su larga scala intrapreso da società minerarie commerciali per trovare depositi minerari commercialmente validi". Questo può essere tradotto semplicemente come la ricerca di riserve. Si tratta di estrarre il massimo valore dalle relazioni che intratteniamo, dalle situazioni in cui ci troviamo e dalle opportunità che creiamo.

Come professionista delle vendite, la vostra responsabilità è quella di cercare costantemente un tesoro sepolto. Se siete un cacciatore di tesori, vi prefiggerete in anticipo l'obiettivo di trovare qualcosa di grande valore sul sito. . Come professionista delle vendite, il vostro compito è fare esattamente la stessa cosa: predeterminare la persona esatta e perfetta con cui volete fare affari.

L'aspirazione a fare di più e il desiderio di migliorare sono qualità che hanno stimolato la professione di venditore fin dalla notte dei tempi. Questo entusiasmo può anche essere un grosso ostacolo per sfruttare le opportunità già esistenti. Avete il diritto di scegliere i vostri clienti, di determinare la forma del vostro successo e la qualità e la quantità di persone con cui volete lavorare. Un errore comune è non mettere in pratica questa scelta e cercare di lavorare con tutti.

Cerco di pensare a tutti i miei futuri clienti come a delle "persone mancanti". Invece di cercare tutti, concentratevi su chi è il vostro cliente ideale. In questo modo, incontrerete più opportunità, otterrete più clienti adatti e sarete più mirati in tutte le vostre attività. Un ulteriore vantaggio di essere in grado di descrivere ciascuno dei vostri mercati target è che altre persone potranno aiutarvi a raggiungere i vostri obiettivi. Potete spiegarli a tutti coloro che incontrate e chiedere loro di indirizzarvi verso le persone che vi mancano o di scegliere di diventare essi stessi potenziali clienti.

Esiste una parte del cervello chiamata sensore di attivazione reticolare (RAS), che è un componente del nostro sistema di consapevolezza. Questo sensore determina quali informazioni sono importanti e quali devono essere ignorate nel corso della giornata. Se impostate il vostro

RAS sul prossimo cliente che volete incontrare, sarete in grado di cogliere le opportunità ovunque andiate. Non sto dicendo che dovete trattare solo con persone che sono vicine al vostro ideale, ma spesso avrete più fortuna se mirate le vostre attività. Lo vedo come un gioco di freccette. Ogni volta che lanciate una freccetta, state mirando a qualcosa. Non sempre si colpisce il bersaglio, ma anche se lo si manca, si contribuisce al punteggio.

L'identificazione di una persona scomparsa può essere effettuata in tre semplici passi.

1. Immaginate il cliente dei vostri sogni, la persona perfetta con cui vorreste lavorare ripetutamente. Una volta che questa immagine è chiara, prendete carta e penna ed elencate le qualità esatte di quella persona e il motivo per cui è perfetta per voi.

2. Inoltre, è possibile impostare vincoli e limiti per restringere il pool di candidati, consentendo un'identificazione più precisa dei candidati.

    ◦ Dove si trovano geograficamente?

    ◦ In quale industria o settore operate?

    ◦ Qual è la dimensione?

    ◦ Cosa hanno fatto da quando?

    ◦ Chi volete aiutare esattamente all'interno della vostra azienda?

    ◦ Perché hanno bisogno di voi? Le risposte a queste domande, combinate con le qualità elencate, vi mettono in una posizione molto forte per identificare i potenziali clienti.

3. Create un profilo scritto dettagliato della persona con cui volete fare affari e rendetelo il più possibile accattivante. Questa è l'occasione per creare il vostro poster "persona scomparsa" e condividere i dettagli con tutte le parti coinvolte nella vostra attività.

Se avete una serie di prodotti e servizi diversi, ognuno con un mercato di riferimento diverso, potete semplicemente ripetere questo processo per ogni pubblico specifico.

Creare un elenco di potenziali clienti.

Se volete essere proattivi e avere successo come professionisti delle vendite, dovete prendere l'iniziativa e costruire un elenco di potenziali clienti che soddisfino criteri predefiniti. È impossibile acquisire un numero di nuovi clienti superiore a quello dei potenziali clienti, e un buon professionista delle vendite avrà sempre a disposizione un gran numero di nuove opportunità. Pertanto, una parte essenziale di ogni processo di vendita è l'identificazione di un elenco di potenziali clienti, da aggiungere continuamente a tale elenco.

La mia regola generale è quella di costruire un elenco almeno dieci volte più grande del numero di nuovi clienti che desiderate. Iniziate a costruire un elenco prima di approcciare le persone. Questo perché, senza una quantità di qualità, ci si blocca rapidamente. Questo influenzerà drasticamente il vostro slancio e la vostra fiducia quando costruirete la vostra pipeline.

Per aiutarvi a costruire un elenco di grandi dimensioni, ho sviluppato un semplice sistema per creare un processo continuo che massimizzi la vostra rete e la vostra portata esistenti e fornisca una fornitura infinita di nomi. Seguite il sistema FRIENDS per elencare i potenziali clienti Costruire.

Amici - Per prima cosa, elencate tutti gli amici della vostra vita e della vostra attività. Esaminate i contatti telefonici, i contatti e-mail di. , le connessioni ai social network e la rubrica e considerate tutte le persone che rientrano nel vostro mercato target o che possono aiutarvi ad avvicinarvi al vostro mercato target e aggiungetele all'elenco.

Registri - Nel corso della nostra vita professionale, raccogliamo grandi quantità di informazioni che potrebbero essere utili in futuro. Consultate i registri dei clienti e dei fornitori esistenti e passati, i contatti dei lavori precedenti, le librerie di biglietti da visita, ecc.

Settore - considerate tutti i settori con cui vorreste lavorare o con cui avete lavorato in passato **e** aggiungete persone e aziende rilevanti dello stesso settore o di settori simili.

E-marketing: il web è un ottimo strumento per costruire liste. Inserite un modulo di contatto sul vostro sito web, raccogliete numeri di telefono e indirizzi e-mail in cambio di qualcosa di valore e utilizzate i motori di ricerca per identificare gli acquirenti esistenti dei vostri prodotti e servizi.

Networking - partecipare a eventi formali e informali **e** individuare potenziali clienti per voi e per la vostra azienda.

Elenchi - Utilizzate gli elenchi di gruppi e organizzazioni del vostro settore per ottenere nomi e contatti di potenziali clienti. Iniziate con un elenco dei gruppi a cui appartenete e cercate di entrare in contatto attraverso interessi comuni.

Stesso nome - Infine, rivedete l'intero elenco e pensate a chiunque abbia lo stesso nome o cognome di uno dei vostri potenziali clienti. Sarete sorpresi di quanti nomi potrete aggiungere seguendo questa semplice tecnica di memoria. *Ricordate che le persone comprano le persone: il vostro elenco deve contenere nomi di persone, non di organizzazioni!*

Raggiungere una produttività diabolica.

In questo modo si crea un elenco enorme di persone. Questo può essere utile e allo stesso tempo molto opprimente. Tuttavia, se si stabilisce un obiettivo e si restringe lo sguardo a un gruppo specifico di persone, si può aumentare la produttività.

Se volete trovare tesori, ottenere un successo a lungo termine (.) ed essere in grado di fornire continuamente nuove opportunità di business, dovrete probabilmente cercare prospetti che rientrino in gruppi diversi. Prima di restringere il campo d'azione, investite del tempo per identificare tre diversi tipi di potenziali clienti. Queste categorie possono essere etichettate nel modo più adatto alla vostra situazione, ma per rendere questo esempio più facile da capire, atteniamoci all'analogia della caccia al tesoro.

Livello 1 - Prospettive d'argento. Queste prospettive sono opportunità che potete acquisire facilmente e che dovrebbero portarvi il successo a breve termine. di cui avete bisogno per sostenere la vostra attività. Probabilmente si rivolgeranno a voi tramite richieste dirette, hanno un bisogno urgente e sono di natura transazionale. È improbabile che questi clienti spendano grandi somme di denaro, ma sono rapidi nel prendere decisioni e meno sensibili al prezzo, il che è essenziale per il successo delle vendite.

Livello 2 - Prospetti d'oro. Si tratta di persone che avete scelto in modo proattivo come potenziali clienti principali di valore per il vostro prodotto o servizio. Probabilmente hanno già acquistato da qualcun altro e potrebbero impiegare un po' più di tempo per prendere una decisione, ma hanno la capacità di portarvi una spesa ripetuta e continuativa.

Livello 3 - Prospetti di platino. Questi prospetti premium sono le opportunità da sogno. - forse la vendita perfetta, il cliente ideale o l'inafferrabile "pezzo grosso". Si tratta di un'opportunità che, se riuscite ad assicurarvela, potrebbe farvi passare l'anno o addirittura cambiarvi la vita. Tuttavia, un pesce così grosso non è consapevole della vostra presenza e ci sono molti altri che stanno cercando la stessa opportunità, rendendo difficile farsi avanti.

Queste tre categorie consentono di suddividere un ampio elenco in aree più piccole e di selezionare i clienti che si desidera aumentare prima di agire. Tuttavia, anche con questa preparazione, può essere difficile sapere dove concentrarsi. Con centinaia di potenziali clienti in ogni area, questa ricchezza di opportunità può impedirvi di andare avanti.

Invece di lavorare con tutti, il prossimo passo intelligente è quello che io chiamo "produttività diabolica". Il motivo per cui la chiamo così è che si scelgono sei contatti specifici da ciascuna delle tre categorie con cui lavorare. 6 Silver, 6 Gold e 6 Platinum (666 persone), il che significa che solo 18 persone in totale possono lavorare al progetto.

I primi sei "buoni" clienti saranno vendite importanti·per la vostra azienda, prenderanno decisioni immediate e porteranno vantaggi e opportunità alla vostra attività. Ma sono quelli di cui avete bisogno per andare avanti e sono quelli che alimenteranno il vostro viaggio per trovare i prossimi sei che chiuderete.

Le prossime sei persone su cui concentrarsi sono le vostre prospettive "migliori". Se riuscite ad assicurarvi queste persone, avrete una buona giornata. A questo punto siete molto eccitati e questo è ciò che state veramente cercando.

Le ultime sei persone su cui dovete lavorare sono i vostri potenziali clienti ideali, i pezzi grossi, quelli che vi renderanno la vita più facile se riuscirete ad acquisirne uno. Potrebbe trattarsi di una persona che volete far entrare nella vostra azienda. Potrebbe essere un affare da sogno, in cui qualcuno acquista tutto ciò che avete da offrire. Oppure potrebbe essere il partner perfetto, una relazione che vi permette di collegare i punti e far crescere rapidamente la vostra attività da un giorno all'altro.

Pensate alle differenze tra questi tre gruppi. I buoni prospect che rientrano nei primi sei dovrebbero essere facili da trovare, facili da chiudere e dovrebbero essere in grado di portare a termine il lavoro abbastanza rapidamente.

Il secondo gruppo potrebbe richiedere più tempo per essere individuato, per farsi avanti e per richiedere una serie di incontri. Potrebbero volerci settimane o mesi prima che prendano la decisione che desiderate. Ma quando la decisione sarà presa, saprete che ne sarà valsa la pena.

L'ultimo gruppo è quello delle bruciature lente. Richiedono più tempo, impegno ed energia. Probabilmente stanno già lavorando con altri. Non si tratta di convincerli a scegliere voi. Ci vorrà tempo, perché la prima decisione che dovrete far prendere a queste persone è quella di smettere di fare ciò che volete sostituire.

Scegliere di essere diabolicamente produttivi e di lavorare con prospettive in queste tre aree significa dare valore al proprio lavoro quotidiano, pensare a come poter avere un super successo e dare valore al biglietto da sogno che sappiamo essere possibile per voi.

Restringere il numero a 18 persone significa che l'elenco cambia a ogni decisione. Poi, a partire dal giorno successivo, si inizia a pensare a chi occuperà la posizione.

Lo stesso si può dire quando qualcuno decide che non fa per voi in questa fase. Quando qualcuno vi dice "no, non ora", toglietelo dalla vostra lista diabolicamente produttiva, rimettetelo nella lista più grande e fate entrare qualcun altro al suo posto.

Chiedersi ogni giorno: "Chi sono i 18 potenziali clienti con cui sto lavorando in questo momento?" è un modo molto semplice per concentrare parte della vostra attività sulla crescita continua della vostra base di clienti.

Le vendite sono filosofia.

In tutte le aziende in cui ho avuto a che fare, di solito c'è stata una netta divisione tra il lato commerciale e quello operativo dell'organizzazione. Molti credono che la responsabilità di conquistare e mantenere il business spetti semplicemente al team di vendita. Non solo non sono d'accordo con questo approccio, ma credo che ogni anno fallisca in molte aziende.

Se state cercando di costruire un'azienda che sia in grado di entrare in contatto con i clienti, di offrire un ottimo servizio e di ottenere referenze e ripetizioni, capire che la vendita è una filosofia vi aiuterà a raggiungere questo obiettivo.

Quando si lavora con i clienti, è essenziale supervisionare l'intera esperienza del cliente, dal contatto iniziale al processo di vendita, alla consegna promessa e oltre. L'intero team ha un enorme impatto sul successo commerciale dell'azienda e ci sono opportunità per migliorare o ridurre la qualità dell'esperienza del cliente in ogni punto di contatto. Se si riesce a fare questo, si possono ottenere risultati straordinariamente significativi. Incorporando una mentalità di vendita orientata al commercio. in tutte le interazioni con i clienti, il successo delle vendite aumenterà in modo esponenziale. In questo modo, quando tutti lavorano insieme in un'unica direzione, i guadagni combinati, che da soli potrebbero essere marginali, vi sorprenderanno. . Spostate l'attenzione sui vostri processi e ponetevi le seguenti domande.

- In che modo il primo punto di contatto con il cliente supporta i risultati di vendita?

    - In che misura il team operativo mantiene le promesse del team commerciale?

- Di cosa parlate esattamente durante il processo di vendita per creare aspettative corrette per il processo successivo?

- Stiamo massimizzando le opportunità di vendita nel punto di consegna?

- Quali ulteriori informazioni dovrebbero essere raccolte in ogni punto di contatto per garantire il successo delle vendite future?

- Le parole e i termini utilizzati per descrivere prodotti e servizi sono coerenti in tutte le aree?

- Il reparto finanziario riconosce il valore potenziale di ogni cliente esistente?

- Si stanno costruendo relazioni tra i clienti esistenti per proteggere la fedeltà, rafforzare i rapporti e aumentare l'efficienza delle transazioni?

Collegare i punti nel processo ha benefici molto tangibili, tra cui

- Miglioramento dei margini di profitto
- Nessun ritardo nei pagamenti.
- Nessun credito in sofferenza
- Trattamento preferenziale da parte dei fornitori
- Miglioramento dell'efficienza operativa
- Aumento della produttività del personale
- Più tempo libero
- Meno reclami dei clienti Miglioramento
- della comunicazione

Immaginate quale impatto positivo avrebbe sul vostro successo di vendita se sceglieste di mappare prima il percorso del cliente, identificare i punti di controllo chiave all'interno di esso e dotare voi stessi e tutti gli stakeholder chiave delle competenze e delle informazioni giuste per massimizzare ogni opportunità. Per favore.

La percezione è la realtà.

Purtroppo la prima impressione è importante, sia nella vita che negli affari. Gli esseri umani sono superficiali e possono giudicare gli altri sulla base di informazioni limitate in un breve periodo di tempo. Quando gli altri vi pagano per i vostri servizi, i loro giudizi sono ancora più netti e la differenza tra chi vi sceglie e chi vi apprezza può dipendere da pochissimi fattori.

Supponendo che riceviate molti riconoscimenti dai vostri clienti, pensate a come volete essere considerati e controllate i loro pensieri. Per quanto possano essere esigenti, potete fare la vostra prima impressione. La vostra posizione nell'azienda, la vostra esperienza, le dimensioni e la credibilità della vostra organizzazione sono fattori sconosciuti quando vi presentate per la prima volta. Questa impressione è l'occasione per stabilire il punto di partenza.

La cura del corpo è di fondamentale importanza. La scelta dei vestiti, del profumo, della cura del corpo e degli accessori dice qualcosa di voi. Siete soddisfatti del messaggio che state trasmettendo?

Probabilmente avete perso il conto delle volte in cui avete avuto dei pregiudizi o avete visto gli altri in modo prevenuto. È importante accettare che ciò accada, ma altrettanto importante è non avere mai pregiudizi nei confronti degli altri.

Alcuni dei fattori chiave che influenzano i giudizi immediati che gli altri danno di voi includono

Trasporto - Lo status sociale **di una persona** è spesso giudicato dal veicolo che guida. Sapendo questo, fate tutto il possibile per usare la vostra auto come uno strumento. Se la vostra attività deve essere vista come un grande successo e la vostra auto lo rispecchia, fate in modo di farvi vedere in auto. Se l'auto non soddisfa ancora i vostri obiettivi aziendali, scegliete un altro mezzo di trasporto o non lasciate che ostacoli le vostre possibilità di successo. È vero anche il contrario. Se la vostra attività offre un alto valore, ma la vostra auto è considerata troppo costosa, sarete considerati troppo costosi e potreste perdere il lavoro. Il segreto è presentare sempre al meglio qualsiasi mezzo di trasporto e lavorare contro di voi.

Uniformi - l'abbigliamento può essere difficile da scegliere correttamente. Molti di noi lavorano in ruoli diversi all'interno della propria azienda e svolgono mansioni diverse. La mia regola generale è quella di vestirsi come il cliente si aspetta che vi vestiate e, nel dubbio, è meglio essere formali che troppo casual.

Accessori - Gli accessori sono spesso gli indizi più potenti del vero carattere di una persona. La scelta di scarpe, gioielli, body art, articoli di cancelleria, elettronica e borse può dire molto più di tanti altri fattori. Pensate bene a cosa dicono di voi i vostri accessori e se danno l'impressione che cercate.

Grooming: preparatevi a essere giudicati per il vostro aspetto, il vostro odore e il vostro comportamento. Chiedete a un estraneo di tracciare un profilo in base al vostro aspetto e ascoltate la sua reazione. Ho imparato una lezione importante durante un lungo viaggio di lavoro quando, guardandomi le mani, ho capito che le mie unghie troppo cresciute non mi rappresentavano. In altre parole, se non vi preoccupate del vostro aspetto, come potete preoccuparvi del loro successo commerciale? Per tutta la durata della riunione ho tenuto le mani nascoste, ho perso la mia solita sicurezza e sono diventata scettica sul mio aspetto. Da quel giorno, la mia manicure è diventata una priorità assoluta nel mio piano personale e un tagliaunghie da viaggio. è una presenza fissa nella mia borsa da lavoro. Anche la stretta di mano è importante. Se è troppo decisa, sembrerà arrogante; se è troppo debole, sembrerà incompetente.

Materiale di marketing: anche la **vostra** attività fa impressione. Se la prima cosa che un potenziale cliente vede è il vostro biglietto da visita, la firma della vostra e-mail. , la segreteria telefonica o il vostro sito web, assicuratevi che trasmetta il messaggio giusto. Lavoro secondo il principio di non mettere in mostra le aziende attuali, ma quelle che cresceranno in futuro. Più alta è la qualità della stampa, più educata apparirà la vostra azienda. Dare un messaggio coerente in tutte le comunicazioni di posta elettronica. mostrerà struttura e controllo. Raccomando che tutte le comunicazioni di posta elettronica. seguano lo stesso formato, compresi i caratteri, la spaziatura e le firme automatiche. . La segreteria telefonica definisce il tono e la cultura della vostra azienda. Il vostro sito web deve spiegare chiaramente come aiutate le persone e rafforzare la vostra visione.

La comprensione di questi fattori per determinare la vostra idoneità vi darà ulteriori aree di controllo di fronte alle opportunità di vendita. Inoltre, vi permetterà di pensare come un professionista delle vendite.

Ne vale la pena?

Ho imparato presto che c'è una grande differenza tra fare il lavoro bene e farlo bene. Ho sempre lavorato con impegno e dedizione, impegnandomi in ogni attività e cercando di ottenere i migliori risultati. Tuttavia, sono cambiata molto quando ho capito che lavorare sodo può portare solo a un successo limitato. La grande lezione è stata che dovevo capire cosa sono davvero le attività gratificanti.

Tutti noi abbiamo "cose da fare" nella nostra vita quotidiana. Ma quante di queste "cose da fare" ci aiutano davvero a raggiungere il risultato finale che stiamo cercando? Applicare questa semplice equazione a voi stessi vi aiuterà a prendere decisioni più consapevoli su come impiegare il vostro tempo.

È necessario conoscere le risposte alle seguenti domande

R: Quanto sperate di generare nei prossimi 12 mesi?

B: Quante ore alla settimana pensate di lavorare?

C: Quante settimane all'anno lavora?

Conoscere queste cifre vi permette di esaminare per la prima volta la vostra produttività e di identificare quali attività stanno costruendo la vostra attività e quali la stanno ostacolando. Dovete considerare e mettere in discussione tutto ciò che state facendo e che non vi sta fruttando la tariffa oraria che desiderate. Potreste dover imparare a delegare molte di queste attività, e alcune potrebbero anche essere interrotte del tutto.

Come risultato di questo esercizio, le persone di solito scoprono che le due attività più redditizie sono le seguenti

1. Dialogo diretto con i potenziali clienti

2. Fornire beni e servizi a clienti reali Lo scoprono perché conoscono un'altra attività ad alto pay-off.

3. Pianificazione e revisione

Più tempo dedicherete a queste aree, più opportunità avrete di far crescere la vostra attività.

Valore del cliente

Un errore comune a molti è quello di trascurare la transazione iniziale con un cliente e di misurare il successo e il valore in base alle dimensioni dell'affare iniziale.

Consideriamo, ad esempio, il caso di un'attività di taglio di capelli. Il valore di un cliente indica che in media spende 75 dollari. È facile pianificare la propria attività di conseguenza. Tuttavia, quando si guarda al quadro generale, è possibile vedere rapidamente il valore reale di questo stesso cliente.

Esempio 1.

I clienti spendono 75 dollari a visita.

Visite ogni 8-12 settimane

Clienti continuativi per 5 anni

Esempio 2.

I clienti spendono 95 dollari a visita.

Visite ogni 6-8 settimane

Clienti continuativi da 7 anni

2 nuovi clienti simili all'anno.

Questa visione più ottimistica del valore potenziale di un cliente può essere calcolata come segue.

$$\$95 \times 8 \text{ visits per year} \times 7 \text{ years} = \$5,320$$

Se altri 14 nuovi clienti fanno esattamente la stessa cosa, ogni relazione porterà un fatturato aggiuntivo di 74.480 dollari.

Quello che so è che molto raramente si ottiene più denaro di quanto richiesto o si ha più successo di quanto si era preparati. Se per voi il cliente vale 75 dollari, probabilmente fisserete un ostacolo lì. Se il valore di un cliente è di 5.320 dollari, probabilmente costruirete un'esperienza all'altezza. Se il valore del vostro cliente è di 80.000 dollari o più, fate il necessario per prepararvi a questa grande opportunità.. Il successo a lungo termine inizia con una visione a lungo . termine e con la preparazione a comprendere l'accurato valore potenziale di vita dei vostri clienti. valore potenziale di vita dei vostri clienti.

Realizzazione su carta.

"Se all'inizio non funziona sulla carta, come possiamo aspettarci che funzioni nella realtà?".

È stato un consiglio che ho ricevuto poco dopo il mio ingresso in azienda e da allora ho sempre adottato un approccio analitico alla crescita dell'attività.

Il successo nelle vendite è il risultato di una combinazione di fattori che portano al successo. Pensate al processo di vendita come a una macchina e considerate tutte le fasi come parti di quella macchina. Di solito, se una macchina non funziona correttamente, raramente c'è un problema con la macchina nel suo complesso. Si tratta semplicemente di una o più parti che non funzionano in modo efficiente. Il monitoraggio e la misurazione possono aiutare a individuare le singole aree da migliorare e a impegnarsi costantemente per migliorare il risultato finale. Nelle grandi aziende, questi dati sono chiamati indicatori di prestazione chiave (KPI) e vengono creati cruscotti per monitorare i fattori che contribuiscono al successo delle vendite.

Si raccomanda di definire almeno cinque e al massimo 12 KPI, che costituiscono strumenti preziosi per comprendere i fattori che influenzano il successo complessivo.

Esempi di aree da considerare per il monitoraggio sono.

- Numero totale di opportunità di vendita per settimana, mese e anno
- Numero di chiamate in uscita
- Percentuale delle vendite rispetto all'obiettivo, al budget o all'anno precedente
- Tempo dedicato alle conversazioni di vendita
- Tempo dalla richiesta alla decisione
- Attività di marketing/generazione di lead
- Contatti/appuntamenti
- Conversione appuntamento/vendita
- valore medio della transazione
- Numero di transazioni all'anno
- Percentuale di articoli aggiuntivi

venduti Valore della pipeline

Ripetendo un'attività, alla fine sarete in grado di produrre un rapporto. E quando i rapporti appariranno, sarete in grado di misurare l'efficacia delle vostre azioni. È quando si inizia a misurare che inizia il vero miglioramento.

Le due domande più importanti

Prima di comunicare con i potenziali clienti, è necessario conoscere le risposte a due domande molto semplici, ma molto profonde.

1. Per chi lavora?
2. Quali problemi risolve?

Senza risposte dettagliate a queste due domande, le vostre attività di vendita andranno fuori controllo, perderete la direzione delle vostre attività e le vostre conversazioni mancheranno di convinzione. Più le risposte sono chiare, più è probabile che troviate clienti e li convertiate. Il successo delle vendite inizia con la comprensione del vostro ruolo nel trovare la soluzione giusta per la persona giusta al momento giusto. Sono finiti i tempi in cui si esagerava con le caratteristiche del proprio prodotto o servizio e ci si aspettava di attirare molte persone. Iniziate a lavorare con le persone giuste, a essere chiari sul servizio che offrite e sul valore che porta ai clienti, e ad essere sicuri di fornire quel valore.

2

La ricerca della fiducia

Il motivo per cui avete preso in mano questo libro e siete arrivati a questo punto non è perché non vi siete mai prefissati di diventare venditori, ma perché grazie a un'altra competenza, passione o opportunità, avete sentito il bisogno di sviluppare competenze più elevate nel campo delle vendite per sostenere la vostra attività principale.

La cosa più importante nel mondo delle vendite è avere fiducia in se stessi. Come si può avere fiducia in qualcosa che non si è mai fatto prima? Capisco l'importanza della fiducia e quanto sia vitale per il successo e nel corso della mia carriera ho studiato come si genera la fiducia.

Per avere fiducia in qualcosa, è necessario compiere tre passi nella propria esperienza che riguardano proprio quella cosa.

1. La prima cosa necessaria per avere fiducia nella conoscenza è una comprensione o una conoscenza di base della cosa.

    Prendiamo, ad esempio, un compito banale. Poiché sono inglese,. , userò l'esempio della preparazione di una tazza di tè. Per prima cosa, è necessario conoscere gli elementi necessari per preparare una tazza di tè, le tecniche coinvolte e i diversi modi di realizzare la tazza finita. È possibile guardare video, leggere manuali e osservare gli altri per approfondire la conoscenza di questa forma d'arte e imparare i vari metodi. Questa fase è essenziale, ma non si può andare oltre.

    Ho incontrato centinaia di formatori, docenti e professionisti del settore che parlano con una conoscenza approfondita di ciò che serve per avere successo, ma senza fare il passo successivo il loro valore è limitato.

2. Esperienza. Dopo aver iniziato con la teoria, potete passare al passo successivo per acquisire fiducia in voi stessi: un senso di fiducia in voi stessi. L'unico modo per acquisire una vera fiducia è l'esperienza. Dopo averlo fatto una volta, sentirete di poterlo fare allo stesso modo o addirittura meglio la volta successiva. Ad esempio, se state preparando un tè, imparate versando l'acqua calda sulle foglie di tè nel modo in cui avete scelto di farlo e vedendo i risultati di ciò che avete imparato fino a quel momento. Non cercate di fare qualcosa di perfetto, ma provate, prendete confidenza e capite che si possono ottenere risultati diversi. Presto imparerete che potete prepararlo in una pentola o in una tazza. Avete anche scoperto che potete semplicemente versare l'acqua calda sulla bustina di tè. Avete anche imparato che è necessario lasciarlo in infusione per un po' di tempo. Ma finché non si sperimenta un po', finché non si beve davvero, non si potrà mai capire la differenza di gusto.

L'unico modo per sviluppare la fiducia nel processo di vendita è quello di fare esperienza partecipando a centinaia di conversazioni di vendita. Dovete sperimentare quelle facili, quelle difficili, i grandi errori e le sottili differenze che possono fare una drammatica differenza di direzione. Siate coraggiosi e iniziate a fare esperienza. Dimenticatevi di essere perfetti e concentratevi su ciò che l'esperienza può insegnarvi.

3. Specializzazione. Solo a questo punto è possibile sviluppare la competenza. La competenza è una combinazione di conoscenza ed esperienza e, di conseguenza, si diventa più sicuri di ciò che si sa. Ho preparato quasi tante tazze di tè quante sono le conversazioni che ho avuto nelle vendite, quindi posso capire la differenza tra buono e cattivo, valutare i fattori che fanno la differenza e poi essere onesto sui cambiamenti da apportare per migliorare.

Pertanto, l'onestà nei confronti delle proprie prestazioni è ciò che fornisce a se stessi importanti punti di fiducia in se stessi. La cosa più importante è essere onesti sulle proprie prestazioni, perché questa è la chiave della fiducia in se stessi.

Si può imparare molto dalle esperienze degli altri. Ci sono innumerevoli risorse nel mondo per aiutarvi a crescere. Basta capire che la crescita più rapida e fruttuosa deriva dal mettere in pratica ciò che si impara, dall'imparare dall'esperienza e dallo sviluppare l'integrità per cercare di essere migliori la volta successiva.

Questo capitolo esplora gli strumenti e le tecniche che possono essere utilizzati per aumentare la fiducia in se stessi prima di una conversazione di vendita e per darvi un discreto vantaggio preparandovi adeguatamente in anticipo.

Hai finito i compiti?

È comune che le persone perdano di vista i propri prodotti e servizi e i dettagli associati alla propria professione. Tuttavia, il concetto di "aiutare le persone" è comune a tutti i settori. Quando entrate per la prima volta in contatto con le persone, ponetevi le seguenti domande *Voglio risolvere un problema o aiutare la persona?*

So qual è la risposta che probabilmente darete. So anche che quando ci si prepara a una conversazione di vendita, il fulcro della conversazione sarà quasi sempre la soluzione del problema, esagerando la bontà del vostro prodotto o servizio e spiegando i vantaggi dettagliati che vi aiuteranno a risolvere il problema.

Se ci si concentra sulla risoluzione dei problemi prima di ottenere la fiducia dell'altra persona, non si riuscirà a costruire un rapporto sufficientemente buono con lei. Di solito le decisioni vengono prese sulla base delle emozioni prima di qualsiasi conferma logica. Come professionista, avete la responsabilità di conoscere i vostri interlocutori. Una conoscenza dettagliata dei clienti desiderati, dei potenziali clienti con cui si lavora e dei clienti esistenti è necessaria per massimizzare il successo. Tuttavia, è importante ricordare che le persone acquistano dalle persone, non dalle organizzazioni.

Ricercando e comprendendo ciò che è importante per i decisori chiave a cui vi rivolgete, la vostra sicurezza salirà alle stelle e la vostra capacità di creare connessioni e controllare conversazioni significative migliorerà in modo significativo.

Prima della conversazione, ecco cosa è necessario sapere

- **Vedendo in anticipo una foto del volto della persona, è possibile** riconoscerla immediatamente e salutarla con più calore e sicurezza.

- **Hobby e interessi dell'altra persona:** sapere chi è in superficie può aiutare a trovare rapidamente un terreno comune.

- **Processo decisionale -** ricerca del nome e .posizionamento, in modo da capire fino a che punto possono spingersi in ogni conversazione e chi altro è necessario.

- **Storia occupazionale - ci** sono molte opportunità di condurre una conversazione credibile per tutte le parti **conoscendo** quanto tempo hanno lavorato nel loro ruolo attuale, le aziende per cui hanno lavorato in passato e altri settori.

- **Conoscenti comuni - l'**altra persona sa quello che voi sapete, potete usare il suo nome nella conversazione e potete sfruttare la fiducia esistente per conquistare la sua fiducia.

- **Concorrenti - Nel** B2B, conoscere i vostri concorrenti rende evidente che siete il loro team e un alleato per aiutarli a raggiungere i loro obiettivi.

- **Documenti pubblici e comunicati stampa - conoscere** i loro progetti, i premi, i riconoscimenti o il pubblico riconoscimento del loro contributo al mondo fornisce informazioni privilegiate che possono parlare dei loro interessi e obiettivi.

Tuttavia, l'esperienza dimostra che a lungo andare si risparmia molto tempo e ci si posiziona come veri professionisti al momento della conversazione. Molte informazioni sono facilmentc reperibili se le si vuole trovare. Qualche anno fa sarebbe stato un compito arduo, ma oggi Internet ci fornisce informazioni quasi istantaneamente e di solito senza alcun onere finanziario. I siti web delle aziende contengono fatti, mentre i profili personali su Facebook, LinkedIn e Twitter sono spesso ricchi di informazioni preziose.

In una conversazione di vendita, cercate di conquistare la fiducia dell'acquirente che vi ritiene la persona giusta per il lavoro. Si tratta di una situazione molto simile a quella dei colloqui di lavoro, ed è risaputo che i candidati hanno maggiori possibilità di successo se fanno ricerche sull'opportunità prima del colloquio. Fate ricerche in anticipo per aumentare le vostre possibilità di aggiudicarvi la vendita.

Creare la propria fortuna da soli.

Per molte persone che cercano di aprire nuove porte, il primo approccio ideale sarebbe un'opportunità attraverso la segnalazione di un cliente o contatto esistente. I referral offrono opportunità più calde e una probabilità di successo significativamente più alta e quindi una maggiore fiducia. Questo successo è in gran parte generato dal trasferimento di fiducia tra la fonte del referral e il potenziale nuovo acquirente del vostro prodotto o servizio.

Facendo un controllo preliminare, questa fiducia può essere replicata in cold prospecting. Seguite questi tre semplici passi

1. Scoprite con quali aziende i potenziali acquirenti sono già in affari.

2. Scoprite chi sono i concorrenti più agguerriti.

3. Scoprite se qualcuno dei vostri conoscenti comuni è famoso a livello locale o nazionale.

Sulla base di queste informazioni, la riunione dovrebbe includere i seguenti tre elementi, in quest'ordine

1. Iniziate a parlare apertamente di come conoscete o avete un interesse per i conoscenti comuni.

2. Durante la conversazione, citate le aziende che svolgono un lavoro uguale o simile a quello dell'organizzazione per cui lavora il

potenziale cliente. Se non c'è un'azienda che conoscete bene, fatene il nome all'indirizzo. .

Contatti più noti.

3. Alla fine dell'incontro, suggerite in modo sottile conversazioni e interazioni future con i concorrenti.

Questo semplice passo aiuta a costruire la fiducia di conoscenti comuni e a guadagnare credibilità conoscendo persone attive nel settore. Poi, comunicando che potreste lavorare con i loro concorrenti, creerete un timore di perdita. Adottando queste tre fasi durante le riunioni di vendita, potete aumentare la probabilità che gli acquirenti scelgano di lavorare con voi.

stock-in-trade

Partecipare alle riunioni di vendita può essere scoraggiante, ma il risultato è spesso una mancanza di preparazione o l'essere messi in ombra dal materiale di marketing. Ci sono alcuni "must" che ho sperimentato nella mia carriera di venditore e che sono necessari per il successo. Altri sono solo "belli da avere" e, peggio ancora, possono impedirvi di vendere.

Blocco note e penna: prendere appunti prima, durante e dopo una riunione è un compito prezioso. Prendere appunti vi permette di comunicare tutto ciò che volete dire, dimostra la vostra serietà nei confronti dell'azienda, vi consente di essere ascoltati in modo efficace e garantisce che tutti gli accordi pertinenti vengano messi in atto. Non uscite di casa senza aver preso appunti.

Watch-Time è una risorsa preziosa sia per i venditori che per i clienti. Dare valore al tempo è una scorciatoia per il successo. Indossare un orologio è un indicatore visivo del valore del proprio tempo.

Agende - Senza le agende è impossibile pianificare i follow-up, riprogrammare gli appuntamenti e stabilire le priorità delle azioni. Oggi il concetto di agenda si è esteso dalle tradizionali agende cartacee alle più comuni opzioni elettroniche che possono essere collegate a più dispositivi. L'obiettivo è poter accedere all'agenda in qualsiasi momento e farvi riferimento nelle conversazioni con clienti e potenziali clienti. Tenetela sempre a portata di mano.

Telefono - Il mondo delle vendite è veloce e pieno di circostanze mutevoli. La capacità di comunicare istantaneamente è un must e la possibilità di alzare il telefono, avere una vera conversazione e prendere decisioni aiuta a mantenere lo slancio. Il telefono è il miglior amico di un professionista delle vendite.

Registri accurati dei clienti - Fin dall'inizio del vostro percorso, dovete tenere un registro accurato di tutti i vostri clienti esistenti e potenziali. Che si tratti di un CRM basato su. o di una serie di archivi cartacei. , mantenere una registrazione fluida della corrispondenza e delle informazioni vi farà guadagnare ulteriori masse di affari grazie alla memoria perfetta che sapete di non avere personalmente.

Strumenti di raccolta dati - Storicamente, le persone distribuivano biglietti da visita nella speranza di avviare una conversazione desiderabile. Raccogliete invece i dati di contatto di altre persone e siate pronti a far loro avere la vostra introduzione basata sul permesso. nel momento in cui vi incontrate di persona. . Siate pronti a scambiarvi numeri di telefono, indirizzi e-mail o a collegarvi su piattaforme di social media: decidete come farlo e siate pronti a muovervi rapidamente quando arriva il momento.

Moduli d'ordine - è scontato, ma ho visto molti venditori perdere un'opportunità perché non potevano ottenere un ordine sul posto. ......!

Molti di voi che leggono queste righe staranno pensando che ci sono tante altre cose di cui un'azienda ha bisogno.

Tuttavia, si consideri che il compito dell'addetto alle vendite è quello di fornire al cliente informazioni sufficienti per prendere una decisione e poi chiedergli di farlo.. Le presentazioni di vendita prescritte, gli opuscoli sui prodotti e i campioni fanno sì che i clienti si sentano venduti e molto spesso ottengono risposte indecise come "lasciatemi un opuscolo e vi richiamerò".

Concentrarsi sul gioco

Assumersi la responsabilità di ottenere nuove vendite può essere scoraggiante. Comporta sfide e ostacoli di cui molti non conoscevano nemmeno l'esistenza prima di incontrare i potenziali clienti e cercare di influenzare il loro processo decisionale. Giornate lunghe e risultati imprevedibili rendono difficile pensare in modo positivo, rimanere ottimisti e mantenere alta l'energia.

Tuttavia, nel corso degli anni, ho imparato semplici abilità e tecniche che hanno aiutato me e molti dei miei clienti a superare le sfide e a continuare a produrre libri commerciali di successo.

- Prendetevi un po' di tempo per pensare al *motivo per cui* fate quello che fate. La vostra attività deve essere un mezzo per raggiungere tutto ciò che desiderate nella vita. Fate un elenco dettagliato di tutte le cose che volete ottenere, gli eventi che volete vivere, le qualità che volete possedere, ecc. Capire perché si sta facendo questo sforzo dovrebbe aiutare a trovare la determinazione per superare i momenti difficili.

- Pensate alle persone che vi consigliano. Dal momento in cui nasciamo siamo condizionati dall'ambiente in cui viviamo e le persone con cui passiamo il tempo hanno un enorme impatto sulla nostra vita. Ho sperimentato entrambi gli estremi del condizionamento positivo e negativo e ho imparato innumerevoli lezioni. Tuttavia, sono le persone più vicine a noi che dobbiamo curare di più. I nostri cari, la famiglia e gli amici hanno tutti grandi sentimenti e quando aggiungono dubbi o cautele ai vostri piani, spesso rivelano un dovere di cura e sicurezza. Di conseguenza, raramente discuto di affari con la mia famiglia. Questo perché sono condizionati da mondi molto diversi. Accettate i consigli di cui avete bisogno per far crescere la vostra attività solo da persone che hanno realizzato ciò che state cercando di ottenere.

- La maggior parte delle persone che visualizzano i propri successi hanno un enorme elenco di compiti non completati in qualche variante della lista delle cose da fare. . Cercare di portare a termine l'impossibile compito di completare quell'elenco è a dir poco estenuante e avere davanti a sé una montagna di azioni non completate avrà sicuramente un impatto negativo sulla fiducia in se stessi. La fiducia in se stessi si costruisce con le esperienze. Nella vostra vita fino ad ora, probabilmente avete catalogato centinaia di risultati significativi e dimenticate che avete un curriculum di successi. Per contrastare l'incompletezza dell'elenco dei compiti da svolgere, è bene tenere un registro dei risultati ottenuti e registrare il maggior numero possibile di successi personali. Andate indietro fino a quando riuscite a ricordare, elencate le vostre vittorie e continuate ad aggiungerne altre. Tenendo un diario di tali vittorie, circondato dalle foto di ogni premio, trofeo e momento di orgoglio, e ricordando a me stesso che sto costruendo sui successi passati, posso tenere a bada i dubbi di me stesso.

- Avere un mentore. Scegliere qualcuno che possa attingere alla sua esperienza, rispondere alle vostre domande e aiutarvi a porre le domande che potreste avere troppa paura di fare da soli può essere di grande aiuto per affrontare i momenti difficili. Ricordate che non è il mentore a scegliere voi, ma siete voi a scegliere il vostro mentore.

- Vincere quando si è vincenti. Una volta raggiunto un certo livello di successo, è molto facile togliere il piede dall'acceleratore e godersi le luci della ribalta. Siate il vostro campione e quando le cose vanno bene, continuate a cavalcare l'onda e godetevi lo slancio.

conoscere il proprio nemico

La presenza di concorrenti conferma l'esistenza di un vero mercato e fornisce un punto di riferimento con cui confrontarsi. Nessuno vuole vincere una corsa di cavalli come. . Capire la propria posizione nel mercato generale è essenziale per commercializzare correttamente se stessi e il proprio prodotto.

Pensate bene a come siete simili ai vostri concorrenti e in che modo vi differenziate. Potreste trovare sfumature di differenza da altre aziende nel "perché" e nel "come" fanno le cose piuttosto che nel "cosa".

Vi capiterà spesso di trovarvi in conversazioni in cui vendete contro i vostri concorrenti. Per essere percepiti come diversi dai vostri concorrenti, dovete dimostrare di essere diversi e di agire in modo diverso. Per farlo, potete dimostrare di essere diversi sapendo a cosa vi stanno paragonando. L'analisi dei vostri concorrenti vi aiuterà a capire esattamente come potete superarli, aumentare la vostra quota di mercato e parlare in modo intelligente del valore che offrite rispetto ai vostri concorrenti.

Le aree minime da analizzare sono i componenti di un'analisi SWOT. Fate attenzione a queste aree.

> **Punti di forza: in** quali aree specifiche ritenete che la concorrenza sia avvantaggiata?

> **Punti di debolezza:** quali sono le aree in cui la concorrenza è attualmente esposta?

> **Opportunità: come** dare alla vostra **azienda** un vantaggio?

> **Minacce -** dove è necessario proteggersi dai loro punti di forza e in che modo ciò potrebbe influire sul vostro successo?

Le conoscenze acquisite devono essere utilizzate solo per posizionare il vostro valore sul mercato. Per essere rispettati dai vostri clienti, non dovete abbassare il vostro valore parlando male dei vostri concorrenti. . A tal fine, è sufficiente parlare di ciò che i concorrenti fanno e di ciò che voi fate di diverso.

Livelli di successo Pensare in grande

Un detto che viene usato da decenni nei seminari di vendita è che ogni "no" è solo un passo verso un "sì". Pur comprendendo la premessa di questo detto - persistenza, ottimismo e determinazione - ho sempre avuto difficoltà a comprenderne la praticità nel mondo reale.

La verità, per esperienza personale, è che ogni volta che sento la parola "no" mi fa male. Prendo questo rifiuto sul personale e questa paura di fondo del rifiuto è uno dei fattori che impedisce a molte persone di grande talento di realizzare il loro vero potenziale.

Concentrarsi sul risultato specifico del colloquio di vendita può avere due conseguenze molto negative: in primo luogo, un'intensa pressione per aggiudicarsi la vendita sul momento e, in secondo luogo, la convinzione che la quantità di successo da ottenere sia limitata. Di conseguenza, possono perdere delle opportunità per paura di un rifiuto o festeggiare il successo prima che il lavoro sia finito.

Pensate a tutti gli affari in cui siete stati coinvolti. Se pensate onestamente a ciascuno di essi, vi renderete conto che c'erano sempre più opportunità e che avreste potuto ottenere di più da quel momento. L'entusiasmo unito alla mancanza di preparazione può portarvi a lasciare il momento pensando a cose come "avrei dovuto dire questo", "avrei dovuto fare questa domanda" o "avrei potuto avere successo se avessi avuto questi strumenti".

La soluzione è pianificare più livelli di successo prima di ogni opportunità e considerare i risultati specifici che si intende raggiungere. Avete il controllo completo per determinare ciò che costituisce il vostro successo in ogni conversazione. Le seguenti nove fasi costituiscono un tipico piano di preconferenza per me e per i miei clienti

1. Rappresentare bene se stessi e l'azienda.

2. Costruire un rapporto.

3. Creare opportunità per mettere in mostra i servizi in modo autentico.

4. Assicuratevi che gli acquirenti possano prendere una decisione informata.

5. Ottenere una decisione.

6. Scoprite quali opportunità si presenteranno in futuro.

7. Sono previste le seguenti azioni.

8. Richiedere un rinvio.

9. Ottenere referenze.

Inoltre, riduce notevolmente la probabilità di dimenticare di portare qualcosa, di dire qualcosa o di fare qualcosa sul momento. È buona norma documentare fisicamente il risultato desiderato prima di ogni conversazione di vendita. Ci sono una serie di ragioni molto specifiche per farlo.

fiducia

Il successo nelle vendite non è una cosa in bianco e nero. Molto spesso i clienti non decidono di fare affari con voi al primo incontro. Comprendere l'acquirente e il livello di successo elimina le conseguenze di un sì o di un no dall'agenda, in modo da non fallire davvero. La cosa peggiore è che non hanno *ancora* avuto successo.

Rendendo la prima fase del successo qualcosa che potete controllare, raggiungerete sempre un certo livello di successo. Se lo raggiungete continuamente, la palla è in gioco e avete già iniziato ad avere successo. A volte è possibile completare questa fase in una sola volta, altre volte ci vuole più tempo. Ma in ogni momento state vincendo e la fiducia deriva dai successi ottenuti finora. Suddividendo i vostri successi in livelli più piccoli, avrete maggiori possibilità di sentirvi vincenti. L'accumulo di successi crea altri successi.

struttura

Pianificare il successo prima di iniziare aiuta a prendere il controllo e a stabilire la direzione. Questo vi permette di passare attraverso ogni livello uno alla volta e di controllarlo nella vostra mente.. Immaginate di montare un mobile: avrete più probabilità di ottenere un pezzo finito se seguirete le istruzioni passo dopo passo nell'ordine corretto, piuttosto che cercare di aprire tutte le scatole.

Avete la possibilità di scrivere il vostro processo strutturato e sistematico prima di ogni conversazione importante. Pianificando, eseguendo e ripetendo, si ottiene un controllo sempre maggiore sulle conversazioni a cui si partecipa.

OTTENERE DI PIÙ.

Invece di concludere la riunione con la decisione iniziale, ora potete aggiungere all'ordine del giorno, raccogliere altre vendite, informazioni e altre risorse preziose. Guidando l'interlocutore verso la fase successiva, il cliente ha il pieno controllo e può aumentare le vendite immediate e le opportunità future. Si risparmia anche tempo per il follow-up (.).

3
Le opportunità sono ovunque.

I primi due capitoli sono stati dedicati a prepararvi ad avere più successo nella conversazione. L'arte della vendita si concentra sulla vostra capacità di creare opportunità e di influenzare la loro decisione di pagare e ottenere i beni o i servizi che offrite.

In precedenza abbiamo appreso che per avere successo commerciale nelle vendite è necessario conoscere le risposte a due domande molto potenti.

1. Chi sono le persone a cui fornite i servizi?
2. Qual è il problema da risolvere per loro?

Quanto più chiare saranno le vostre risposte a queste domande, tanto più vi renderete conto che la professione di venditore non è solo essenziale, ma anche significativamente utile alla società nel suo complesso. A volte le persone non riescono a raggiungere i loro obiettivi e le loro aspirazioni perché sono indecise, procrastinano ripetutamente e non sanno quali azioni intraprendere. La vostra professione ha il compito di occuparsi di coloro che hanno bisogno del vostro aiuto, di prepararsi a conquistare la loro fiducia e di guidarli nel processo decisionale.. Aiutate coloro che potrebbero trarre beneficio dal vostro lavoro a realizzarlo.

Decidete oggi stesso che la vostra missione è quella di aiutare le persone e che il vostro ruolo di professionisti delle vendite è quello di servirle. Se lo farete, vi renderete presto conto che le opportunità di aiutare le persone sono ovunque e che c'è un ampio potenziale per espandere la vostra base di clienti.

Questo capitolo esplora le tecniche e le competenze precise per sfruttare le numerose opportunità esistenti e per ottenere maggiori opportunità di vendita.

Che aspetto ha?

Costruire un rapporto è un'abilità cruciale per conquistare nuovi clienti, ma inizia con una semplice azione che spesso viene trascurata. La prima cosa che le persone pensano quando vi incontrano per la prima volta è: "Ti trovo attraente?". È dimostrato che tutti noi siamo più attraenti quando sorridiamo.

La magia del sorriso è che è contagioso. Quando si sorride a qualcuno, questo non può fare a meno di sorridere a sua volta. Pensate agli appuntamenti passati o, oserei dire, alle sessioni di flirt. Tutto inizia con un sorriso. Il sorriso è il miglior rompighiaccio. per iniziare una nuova relazione e la sua importanza è spesso trascurata. Un sorriso non si limita a sollevare gli angoli della bocca e a mostrare i denti perlati. La calda energia di un sorriso influisce su molte altre aree.

- **Espressione - Il sorriso si fa** con tutto il viso. Avete visto il volto di un bambino la mattina del suo compleanno: è un esempio di sorriso perfetto. Quanto spesso sorridete?

- **Linguaggio del corpo - capire** come sorridere con tutto il corpo è una lezione importante per attrarre le persone. Un linguaggio del corpo aperto e un atteggiamento positivo attraggono le persone. Controllate come vi comportate in pubblico e se siete aperti alla conversazione.

- **Voce - Chiunque abbia** mai venduto o acquistato al telefono sa che un sorriso si sente. Nei primi secondi di una telefonata, è possibile percepire il calore della voce di una persona e decidere immediatamente se ci piace o meno. Entrate in questa zona prima di telefonare.

- **Immagine aziendale:** pensate al "sorriso" complessivo dell'azienda. Logo, abbigliamento, modi di telefonare: tutto fa parte della personalità dell'azienda e attirerà nuovi clienti.

Ma a volte dimentichiamo di mostrarci. Siamo creature abitudinarie e abbiamo bisogno di promemoria. Quando siete al mercato, incoraggiare le persone ad accendere la loro "faccia felice" le farà sorridere di più. Cercate di circondarvi di cose che attivano l'interruttore della faccia felice e che vi riportano alla mente i ricordi. .

Ho installato specchi con la scritta "Smile-you are on stage" sulle porte delle aree di vendita al dettaglio, ho collocato emoji gialle con la faccia felice sulle cornette dei call center, ho aggiornato gli screensaver per gli impiegati e nelle auto dei rappresentanti di vendita in viaggio affermazioni sull'aletta parasole delle auto dei rappresentanti in viaggio.

Networking per il successo

Come professionisti, indipendentemente dal settore di competenza, vi troverete nel misterioso mondo del business networking. Una stanza piena di persone che non avete mai incontrato prima, attività forzate, biglietti da visita che vi vengono lanciati come coriandoli e l'aspettativa di un ritorno sull'investimento del tempo speso lì può rendere l'intera esperienza piuttosto scoraggiante.

Che si tratti di un evento formale e strutturato o di una grande sessione di networking, siete consapevoli che nella sala c'è un potenziale di nuovi affari e che il successo può dipendere dalla conversazione. Allora perché questo esercizio spaventa così tanto i partecipanti?

Il motivo per cui vi risulta difficile è che da bambini potreste essere stati condizionati con un semplice elenco di parole". Non parlare con gli sconosciuti". La prima sfida consiste nell'andare contro questo condizionamento e credo che il modo più semplice per risolverlo sia assumere che tutti la pensano più o meno come voi. Pensare che tutti condividano pensieri e sentimenti simili può farvi sentire un po' meno ansiosi e più rilassati e impegnati.

Tuttavia, una cosa è superare la paura iniziale. Ecco alcune semplici regole che ho messo in pratica per aiutarvi ad avere successo nel networking. Adottate queste regole e sono sicuro che ne trarrete grandi benefici.

- Indipendentemente dalle dimensioni dell'evento organizzato, è improbabile che riusciate a costruire relazioni commerciali durature con tutti i presenti. Tuttavia, ci sarà sempre qualcuno tra loro che sarà in grado di instaurare un rapporto d'affari con tutti i presenti.

Valgo molto di più per me stesso che per gli altri. Stabilite degli obiettivi e rispettateli. Stabilire alcuni nuovi contatti, fissare un appuntamento per incontrare determinate persone, ecc. Partecipare e vedere cosa succede significa affidare il proprio successo alla fortuna. Se riuscite a entrare in contatto con le persone sui social network prima dell'evento, potete usare l'evento stesso come un incontro formale. Se l'elenco dei partecipanti è disponibile in anticipo, fate una ricerca prima dell'evento per capire dove potete concentrare al meglio i vostri sforzi. Gli eventi di networking sono un'opportunità molto efficace per creare nuovi contatti. Pianificarli in anticipo vi aiuterà a sfruttare al meglio il tempo che trascorrerete lì.

- Sapere di cosa parlareQuando si entra in una stanza piena di sconosciuti, iniziare una conversazione è la cosa più difficile da fare. Il modo più semplice per iniziare una conversazione è partire da un argomento che avete in comune. L'argomento che avete in comune è l'evento a cui state partecipando. Pertanto, pianificando una serie di domande relative all'evento, è possibile creare un'interazione confortevole e conoscere gli sconosciuti.

- La domanda "Allora, di cosa ti occupi?", che riguarda il modo in cui aiuti le persone, è una domanda che viene posta quasi sempre, ma il destinatario è spesso confuso o sbalordito dalla risposta. Di conseguenza, può essere detto il nome dell'azienda, il titolo o il settore in cui si lavora, ma raramente è seguita da una conversazione ad alto impatto ( ). L'obiettivo di questa domanda è quello di suscitare l'interesse del cliente e di avviare una conversazione. Quindi, quando vi viene posta questa domanda, riformulatela nella vostra testa come "Come aiutate le persone?" e rispondete alla domanda. Un modo semplice per inquadrare la risposta è dire "Aiuto x a raggiungere y". In questo modo, l'interlocutore potrà chiedere di più sul vostro lavoro. Siate pronti a fornire esempi o storie del vostro lavoro, piuttosto che fatti.

- Vendete alla sala. Questo va contro quello che molti professionisti sono stati addestrati a fare per il networking, ma si basa sulla semplice realtà che le migliori referenze arriveranno dai clienti esistenti. Pertanto, per ottenere un gran numero di referenze, dovete avere nella vostra rete un numero ragionevole di persone che hanno già lavorato con voi. Tuttavia, questo non significa spingere i vostri prodotti o servizi, ma cercare modi in cui potete aiutare le persone all'interno della vostra rete con la vostra esperienza. .In alternativa, potreste offrire audit gratuiti, liste di controllo, recensioni, ecc. per aiutare più persone a vedere il valore che offrite ai vostri clienti? Il vostro obiettivo è permettere a più persone di sperimentare il vostro aiuto per la prima volta,. e condividere questa esperienza con altri.

Domande per gli sconosciuti

- Cosa posso fare per voi oggi?
- Come fa a conoscere <nome>?
- Da dove venite oggi?
- Cosa spera di ottenere da questo evento?
- Come ha saputo dell'evento di oggi?
- Partecipa spesso a questi eventi?
- Come si gode l'evento?
- C'è qualcuno che vorrebbe incontrare oggi?

La persona più importante della vostra vita *siete voi*. Per verificare questa affermazione, ripensate alla vostra foto di classe delle elementari. Quale volto avete cercato per primo?

Questo significa che quando si ha a che fare con le persone, bisogna capire che sono le persone più importanti della nostra vita. Potendo scegliere, le persone vogliono avere a che fare con persone che conoscono, che amano e di cui si fidano. Per creare questi sentimenti, raramente hanno qualcosa da dire su se stessi.

Le decisioni vengono prese con le emozioni piuttosto che con la logica. Pertanto, il risultato che si vuole ottenere è che fare affari con voi sia "giusto" prima di cercare ciò che "ha senso" fare affari con voi. Per progredire in quest'area, l'approccio più efficace che potete adottare è capire che i vostri potenziali clienti sono le persone più importanti della loro vita. Mostrando un interesse genuino nei loro confronti, potete dimostrare di avere un legame reale con loro, con la loro situazione e con le loro circostanze. Ciò significa porre domande e ascoltare. Evitate di usare le loro risposte alle vostre domande per istruirli sulle vostre esperienze simili. Incoraggiateli invece a parlare dei dettagli delle loro risposte.

Ascoltando con attenzione, dimostrate loro che sono importanti per voi, il che a sua volta li fa sentire bene.. Molte aziende di servizi che si affidano a clienti abituali dimostrano di possedere questa abilità in misura molto elevata. Scoprite quali sono i fornitori che utilizzate più spesso: parrucchieri, ristoranti e bar di quartiere, servizi di taxi e auto, ecc. La vostra decisione di continuare a fare affari con questi fornitori può essere influenzata da ciò che percepite come un interesse genuino nei vostri confronti.

È anche utile annotare ciò che l'altra persona ha detto di importante per voi, in modo da poterlo utilizzare in conversazioni e discussioni future.

Cosa c'è in un nome?

Per qualsiasi persona al mondo, il suono del proprio nome è la cosa più dolce. Ci saranno stati molti momenti in cui avete sentito il vostro nome tra la folla o avete visto il vostro nome su un cartellone pubblicitario e non avete potuto fare a meno di esserne attratti.

Ricordare, rievocare e usare i nomi degli altri è un ottimo modo per dimostrare la vostra sincera preoccupazione per gli altri. Come ha detto tua moglie" e "Come ha detto Charlotte", "Come stanno i bambini?" e "Come stanno Amelia ed Emily? e "Come stanno Amelia ed Emily? Questi piccoli accorgimenti possono fare la differenza. Uno è un tentativo di dimostrare che vi interessa, l'altro è la dimostrazione che vi siete presi il tempo di preoccuparvi.

Ricordate tutti i nomi dei vostri cari e poi ricordate tutti i fatti che sono importanti per loro. Se è importante per loro, rendetelo importante per voi: nomi di famiglia, nomi di animali domestici, squadre sportive preferite, dove sono andati a scuola, da dove vengono, ecc. Incorporare queste informazioni nelle conversazioni future, nelle e-mail di follow-up (.), nelle proposte e nelle visite di gestione dell'account è una grande opportunità per distinguersi e creare maggiori opportunità.

Rendetevi più impressionanti

Oltre a ricordare fatti importanti sugli altri, vorrete anche farvi notare di più. Ricordare i nomi non è facile, ma il fatto che gli altri ricordino o meno il vostro nome influirà sicuramente sul vostro successo. Quando le persone sentono il vostro nome quando vi incontrano per la prima volta, è probabile che in quel momento siano concentrate su altre cose e non vi sentano. Un trucco molto semplice per aumentare le probabilità che si ricordino il vostro nome è quello di rallentare il processo. Quando vi presentate, pronunciate il vostro nome due volte. Prima dite come preferite essere chiamati e poi dite il vostro nome completo, compreso il cognome. In altre parole, mi presento come "Phil, Philip Jones" e do loro diverse opportunità di ricordare il mio nome. È un metodo semplice, ma molto efficace.

Diventare un esperto

Se volete creare più opportunità, aprire più porte e creare una tempesta di richieste in entrata, dovete essere considerati un esperto nel vostro campo.

Il termine *"esperto"* può mettervi a disagio e farvi chiedere come potete diventarlo. Una vocina interna potrebbe iniziare a dirvi che non avete studiato abbastanza, non avete imparato abbastanza o semplicemente non sapete abbastanza per essere riconosciuti come esperti.

Se guardate onestamente alla vostra esperienza, scoprirete che ci sono molte aree in cui avete una vasta competenza. Potrebbe trattarsi dell'impatto delle vostre abilità su un certo gruppo di persone, di una storia personale legata alla vostra professione o di un'abilità molto specifica che rappresenta una piccola parte del vostro lavoro complessivo, ma una ricca fonte di conoscenza. Liberando le vostre competenze e posizionandovi come tali, potete costruire la vostra reputazione più velocemente, stabilire la vostra autorità e avviare conversazioni con un maggior numero di potenziali clienti.

Il vostro obiettivo è *essere x in y.*

- Commercialisti per dentisti.
- Agenti immobiliari per investitori a Houston.
- Esperti di nutrizione per mamme impegnate.
- Specialisti di branding per avvocati.
- Partner logistico per i venditori eBay

Queste micro-nicchie specifiche forniscono un focus preciso per lo sviluppo di una piattaforma basata su esperti e contribuiscono a creare maggiori opportunità. Uno dei modi più rapidi per essere riconosciuti come esperti è quello di tenere presentazioni sul proprio argomento a un pubblico di potenziali clienti. Questo effetto immediato fornisce ottime piste. per nuove opportunità di vendita. Con il gran numero di eventi locali, ci sono sempre opportunità per mostrare la propria esperienza.

Ci sono molte piattaforme in cui è possibile inviare un messaggio forte che sarà visto come professionale.

- Interventi a seminari ed eventi di networking
- Produzione di post per blog e riviste di settore
- Gestione di teleseminari e webinar.
- Partecipare a interviste radiofoniche e televisive.
- Distribuzione dei podcast
- Produzione di video informativi per YouTube.

Tutte queste piattaforme mediatiche sono aree in cui le presentazioni efficaci possono affermarvi come esperti del vostro settore, far crescere il vostro pubblico, generare contatti e aumentare le vendite.

Meglio della brochure.

Di conseguenza, molte aziende continuano a produrre materiale stampato e brochure con l'obiettivo di supportare le loro attività di vendita. In alcuni settori, le brochure di prodotto sono strumenti indispensabili. Tuttavia, in molte situazioni, ciò che è inteso come un aiuto può rapidamente diventare un ostacolo. Potrebbe essere meglio sostituire le brochure, soprattutto se accompagnano i servizi offerti, con materiale stampato che condivida ciò che fate, con uno strumento utile che dimostri il valore che offrite.

Esempi di alternative di brochure che sfruttano la vostra esperienza sono

- Foglietti informativi, liste di controllo o strumenti di verifica autogestiti ..
- Campioni di prodotto

  Libri e relazioni che avete scritto o compilato voi stessi

Questi campioni vengono spesso regalati ai potenziali clienti, hanno meno probabilità di essere scartati e sono molto più preziosi delle brochure. Questi esempi sono un punto di forza per aumentare la consapevolezza e la credibilità di voi e dei vostri servizi e per mantenere viva la conversazione.

Diventiamo sociali

La tecnologia continua a evolversi a ritmi serrati e rimanere al passo con la concorrenza è una sfida continua per tutti noi. Il più grande cambiamento che ho sperimentato finora è l'introduzione e l'evoluzione dei social media come strumento di comunicazione. Esistono innumerevoli piattaforme che ci permettono di rimanere in contatto con milioni di persone in tutto il mondo. Sebbene siano un ottimo strumento per far crescere la propria attività, i social media possono anche essere un campo minato di confusione per molti venditori. Queste reti vi forniscono gli strumenti per raggiungere gli altri, ma anche la possibilità per gli altri di raggiungervi, osservarvi e dare giudizi su di voi senza avere una conversazione fisica.

Social media è il termine collettivo che indica piattaforme come Facebook, LinkedIn, Twitter e YouTube. Questi media stanno cambiando il nostro modo di comunicare. Questi cambiamenti nella comunicazione sono drammatici e molte persone temono i cambiamenti. In particolare, dobbiamo diffidare dei cambiamenti legati alla tecnologia.

Tuttavia, i social media sono poco più che un moderno. "passaparola", più o meno come quello che avete sempre fatto. Si tratta di costruire relazioni con i vostri clienti e la vostra comunità, capire cosa gli altri dicono di voi, costruire il vostro marchio e far crescere la vostra attività.

Immergersi in questo mondo può essere estremamente vantaggioso, ma comporta anche rischi significativi. Indipendentemente dalle piattaforme utilizzate o dall'evoluzione della tecnologia, questa semplice formula in tre fasi (.) vi consentirà di ottenere un successo di vendita sostenibile utilizzando i social media.

1. **La prima impressione conta: proprio come nel** mondo reale, non si ha mai una seconda possibilità di fare una prima impressione. Prendetevi il tempo necessario per completare il vostro profilo prima di pubblicarlo. Considerate il vostro profilo come una vetrina e siate certi che rappresenti al meglio chi siete ora e chi sarete in futuro. Assicuratevi che tutti i dati biografici e i

dettagli siano aggiornati e vi rappresentino correttamente, ottimizzate il vostro profilo collegandolo alle altre risorse digitali in vostro possesso e inserite i vostri dati di contatto in tutte le aree appropriate.

Anche l'aspetto visivo è importante su tutte le piattaforme. Assicurate la coerenza del marchio, dei colori e dello stile di scrittura. Assicuratevi che la grafica utilizzata sia ritagliata nella giusta dimensione per la piattaforma e che venga visualizzata efficacemente su tutti i principali dispositivi. Verificate l'aspetto su desktop, laptop, tablet e telefoni cellulari prima di promuovere il vostro profilo al mondo. Scegliete una foto che trasmetta con precisione l'impressione che volete dare del vostro nuovo incontro. Poiché la maggior parte delle piattaforme sono progettate per essere "sociali", è probabile che l'espressione che trasmettete sia più efficace con un essere umano che con il nome di un'azienda.

2. **Costruire un pubblico - Una volta** completato il vostro profilo, è facile iniziare a condividere i vostri contenuti, ma potreste dimenticare che senza un pubblico i vostri contenuti non hanno senso. I vostri contenuti e i vostri post sono importanti, ma solo se le persone vi ascoltano. I social media sono uno strumento di comunicazione particolarmente efficace con le persone che vi conoscono, quindi iniziate da lì. La maggior parte delle piattaforme consente di migrare facilmente i propri contatti da altre piattaforme. Se li utilizzate per lavoro, il primo passo è connettervi con il maggior numero possibile di clienti e contatti esistenti. Inoltre, dovete far sapere che partecipate attivamente ai social media utilizzando tutti gli strumenti di comunicazione che usate attualmente. Ciò significa aggiungere le icone dei social media alla firma della vostra e-mail e alla carta intestata, menzionarle quando scrivete ai clienti, inserire notizie sul vostro sito web e aggiungere spunti visivi sul vostro volto di consumatore. per incoraggiare le persone a partecipare alla conversazione sulla piattaforma scelta. Con la crescita dell'audience come azione strategica chiave e tenendo presente solo questo obiettivo, prendete in considerazione

la possibilità di costruire l'influenza aggiungendo proattivamente azioni alle vostre attività esistenti.

Far sì che i clienti si colleghino al vostro profilo può essere più difficile che chiedere. Potete migliorare notevolmente le vostre possibilità organizzando concorsi e offerte e premiando le persone che visitano o si collegano al vostro profilo. Ricordate che senza un pubblico, tutte le vostre attività potrebbero essere sprecate, quindi investire nel vostro pubblico è fondamentale per il vostro successo sui social media.

3. **Comunicazione -** Quando si parla di contenuti, è importante ricordare che si tratta di piattaforme "sociali". Poche persone accedono ai social media per essere vendute. Per renderla interessante, la comunicazione deve essere varia e mostrare umanità. I contenuti in uscita devono essere sempre vari, perché i messaggi monotoni possono diventare noiosi e le persone smetteranno di ascoltarli. Per me, questo significa creare contenuti in aree quali.

   o **Educativo - Dimostrate la vostra** competenza condividendo i vostri contenuti (.) utilizzando una varietà di media, tra cui blog post, infografiche e video. Condividete anche contenuti validi di altre aziende del vostro settore che hanno informazioni preziose che possono aiutare il vostro pubblico. La fornitura di contenuti creati e curati rappresenta un valido equilibrio e garantisce che i vostri contenuti siano visti come un ottimo compagno per coloro che li condividono.

   o I social media sono uno strumento per iniziare e partecipare alle conversazioni. Seguite i vostri clienti, fornitori e potenziali clienti e coinvolgeteli nelle loro comunicazioni in uscita. Allo stesso modo, create post e contenuti che pongano domande e incoraggino gli altri ad aggiungersi e a partecipare alla conversazione.

   o **Intrattenere - Uno dei** motivi principali per cui molte persone passano il tempo a seguire gli altri sui social media è il desiderio di intrattenere. Raccontate di più di voi stessi, presentando il vostro stile di vita, condividendo le vostre esperienze e mostrando i vostri talenti nascosti. E quando trovate qualcosa di interessante, raccontatelo alla vostra rete con i vostri commenti e le vostre osservazioni.

- **Imbarazzo: i** fallimenti **epici** generano quasi sempre più coinvolgimento delle brillanti storie di successo. Raccontare realtà imbarazzanti in modo leggero mantiene l'atmosfera socievole, mostra un lato di voi che di solito non si vede nel mondo aziendale e dà al pubblico un'idea di chi siete come persona.

prova sociale

Non importa quanto siate bravi se non lasciate le prove della vostra reputazione in primo piano, dove gli altri possano vederle. Viviamo in un mondo in cui i consumatori hanno il potere di creare o distruggere il successo di un'azienda in base a come recensiscono e valutano la sua offerta. È vostro compito dimostrare ai futuri acquirenti che siete altamente competenti in tutto ciò che fate e rendere più facile per loro riporre la loro fiducia nelle vostre mani mostrando le esperienze positive che gli altri hanno avuto in passato e che voi potete aiutarli a costruire un futuro di maggior successo. di.

I grandi giocatori sportivi vengono giudicati in base alle loro prestazioni passate e le squadre assumono nuovi allenatori in base alle loro prestazioni passate. Lo stesso vale quando si cercano nuovi fornitori. Se riuscite a dimostrare di aver fatto un ottimo lavoro per altri in passato, questo vi farà pensare che farete un buon lavoro anche per gli altri.

Non si tratta solo di tenere le testimonianze nascoste sul vostro sito web, in uno schedario o in una cartella in un cassetto, accanto alle lettere dei vostri clienti. Al giorno d'oggi, la prova sociale è una delle migliori capacità di persuasione e la crescita della prova sociale è diventata una parte essenziale del successo di vendita in molte aziende moderne. Lo status di miglior. venditore sono tutti elementi che permettono a voi e alla vostra offerta di emergere rispetto alla concorrenza.. Usare le parole degli altri e la credibilità di terzi può aggiungere profondità senza essere egocentrico. può essere utilizzato per.

La distribuzione della prova sociale è importante. Prima di poterla mostrare, è necessario assicurarsi che venga raccolta. La chiave è chiedere aiuto. Siamo tutti occupati, quindi trovare il tempo di dire cose belle e facili da usare sugli altri è raramente in cima alla lista.

Chiedere dopo che è stato offerto un prodotto o un servizio è più probabile che ottenga una risposta migliore che chiedere dopo che il momento è passato. Inoltre, è più probabile che la richiesta avvenga in un formato facile da usare. Esistono così tante forme di recensioni, valutazioni e testimonianze che se sono troppo disperse, i vostri sforzi potrebbero andare a vuoto. Scegliete la piattaforma che avrà il maggiore impatto sulla vostra attività e iniziate a costruire una solida prova dei vostri servizi in quella piattaforma.

- I ristoranti guardano a Yelp e OpenTable.
- Anche gli hotel e i lodge possono puntare su TripAdvisor.
- L'autore si basa sulle recensioni di Amazon.
- Le agenzie immobiliari possono utilizzare le recensioni di Zillow.
- Professionisti del settore medico su WebMD.
- I servizi professionali possono guardare a LinkedIn.

È importante sapere quali risorse utilizzare e come utilizzarle per aumentare le opportunità di vendita.

Un esempio che ho utilizzato con successo in molte aziende è la raccolta e l'utilizzo di testimonianze video. La semplice richiesta può dare ottimi risultati, ma è ancora più efficace se si è preparati. È possibile registrare sul posto, in modo da poter agire sul momento e catturare commenti efficaci da parte dei clienti esistenti nel momento perfetto per esprimere il loro piacere per il vostro servizio. Preparate l'attrezzatura, preparate le domande e metteteli a proprio agio. È meglio avere troppi contenuti da registrare che troppo pochi.

Se diventate più bravi ad ascoltare, avrete molti più contenuti da proporre alle persone e da diffondere. Esempi di come altri hanno utilizzato con successo la riprova sociale per aumentare il loro successo di vendita sono

- Testimonianze aggiuntive dei clienti per i futuri riferimenti dei
- clienti

e. Presentate il vostro profilo LinkedIn a coloro che vi contattano per posta e chiedete loro di leggere le vostre raccomandazioni.

- . Esponete i premi e i risultati ottenuti nelle aree ad alta
- frequentazione dei clienti.

Lasciate una testimonianza nella cartella della receptionist dell'ufficio.

- Sfruttare il volume delle recensioni per aumentare la visibilità nelle
- ricerche

Fotografate le vostre esperienze e pubblicatele sui social network.

- e. Aggiunta di testimonianze video alle firme delle e-mail e ai documenti di proposta

- Incoraggiare la pubblicazione di commenti positivi sui siti di social network.

- Aggiornare regolarmente il feedback dei clienti sul sito web per allineare le raccomandazioni specifiche per determinati servizi.

- Uso del linguaggio altrui nei materiali di marketing.

L'insegnamento che ne deriva è quello di mettere la prova sociale di fronte al maggior numero di persone possibile. Anche il collegamento diretto alla fonte della testimonianza può aumentare la credibilità e la validità del processo decisionale.. .

Semplici script per il feedback dei clienti

Salve (inserire il nome), ho bisogno di un favore veloce". (Fare una pausa e attendere una risposta positiva). Se è soddisfatto del lavoro che abbiamo svolto, sarebbe molto utile se si prendesse qualche momento per condividerlo con noi per iscritto...". (Grazie mille. Naturalmente cercheremo di utilizzare le sue parole nel nostro marketing e di condividerle con potenziali nuovi clienti. Ci auguriamo di leggere presto i suoi commenti".

Testimonianze dei vincitori del premio

Ottenere testimonianze è fantastico, ma c'è anche molto da guadagnare nel fornire testimonianze. Le testimonianze create saranno probabilmente utilizzate nel marketing di qualcuno, pubblicate sul suo spazio di lavoro o condivise con la sua rete.

Prendete tempo per riflettere sulle vostre parole e assicuratevi che coloro che entrano in contatto con le vostre raccomandazioni siano a conoscenza delle persone che aiutate e dei problemi che risolvete per loro. Potreste essere sorpresi di come la condivisione del valore che ottenete lavorando con gli altri possa rendere le loro reti più interessate a voi.

4
Definizione del processo di vendita

Interessare le persone a voi e al vostro prodotto o servizio è molto diverso dal motivare gli acquirenti a prendere una decisione. Per avere successo nella vendita è necessario comprendere che esiste una serie di processi da seguire passo dopo passo per ottenere un successo a lungo termine (.). Forse il modo più semplice per pensare a questo processo è fare un parallelo con il gioco degli appuntamenti. Di solito ci si dedica agli appuntamenti con in mente un obiettivo futuro, ma comunicare questo obiettivo in anticipo raramente porta a una relazione duratura e al successo desiderato. Ritardare il processo spesso ne accelera l'esito.

Quando si prende in considerazione una relazione fisica, è chiaro che sono necessarie diverse fasi per far progredire il rapporto. Uno dei passi più importanti è sempre il posizionamento della relazione come "primo appuntamento". Questo elemento chiave è altrettanto essenziale nel processo di vendita quanto nel mondo del romanticismo.

Saper vendere richiede abilità avanzate per conquistare il primo appuntamento. Finora avete letto molte idee e strategie per creare opportunità, prepararvi ad apparire nella parte quando si presenta il momento e concentrare la vostra mente per fare colpo in quel momento. Ora è il momento di spiegare esattamente come si definisce il processo di creazione di una decisione. per avere la conversazione che porta alla prima vendita con l'acquirente.

Senza conversazione, è molto raro che si possa avere un rapporto. proficuo e di successo a lungo termine con un cliente. È tempo. di riconoscere che il processo onorevole è improbabile che cessi di essere vero.

* Le domande generano conversazione.

* Le conversazioni creano relazioni.

* Le relazioni aprono opportunità.

* Le opportunità portano alle vendite.

Il successo nelle vendite è direttamente proporzionale alla quantità e alla qualità delle conversazioni avviate. Se il vostro obiettivo è quello di ottenere un maggior numero di affari, è necessario identificare l'esatto processo per arrivare di fronte a un maggior numero di persone giuste.

rispondere al telefono

Il vostro compito di venditori professionisti è quello di interrompere la loro giornata in modo tale da scoprire sfide e opportunità di cui non sono a conoscenza, rivelare la vostra credibilità nel risolvere tali sfide e invitarli a compiere passi significativi verso la loro risoluzione. Uno dei modi più efficaci per avviare questa interazione è parlare al telefono con i potenziali clienti, con l'obiettivo di ottenere un appuntamento o di avere ulteriori discussioni per far progredire l'opportunità.

Se siete come me, alzare il telefono per parlare con un perfetto sconosciuto non è la cosa che preferite fare. Se si considera la chiamata a freddo. in modo logico, è facile concordare con alcune verità indiscutibili.

- È molto probabile che la chiamata venga effettuata in un orario scomodo per l'interlocutore.

È improbabile che il destinatario stia pensando di acquistare il vostro prodotto o servizio proprio in quel momento.

- Non è detto che gli utenti non gradiscano ricevere telefonate da sconosciuti.

È fastidioso che interrompiate la loro giornata.

Quanto sopra significa che le probabilità di successo di questa azione si accumulano contro di voi ancor prima di iniziare. Di conseguenza, quando si gioca al gioco dei numeri, il rifiuto diventa la norma e la fiducia diminuisce a ogni chiamata.

Essere professionali significa che le telefonate a freddo non sono affatto necessarie. Pensando in modo un po' più intelligente, chiamando solo quando è veramente necessario e offrendo soluzioni di consulenza, potrete presto fare del telefono il vostro migliore amico.

Per avviare con successo una chiamata non programmata, è importante diventare autorizzati il prima possibile dopo aver risposto alla chiamata. La struttura standard che insegno per consentire ciò segue tre semplici passaggi

1. **Saluti - un'**apertura educata in cui si dichiara **chi si è**

2. **Fatti:** elementi di prova innegabili e reciprocamente condivisibili su cui costruire una conversazione.

3. **Domande:** domande di facile risposta che danno il permesso di continuare la conversazione.

Riflettere sull'elenco discusso nel Capitolo 1 e imparare ad aprire il telefono in modo più efficace.

Amici - Gli amici sono persone con cui ci si tiene in contatto regolarmente. Contattarli per telefono è un'abitudine quotidiana, quindi prendere il telefono per motivi di lavoro può essere un po' difficile.. Un modo semplice e privo di rifiuti per presentare la vostra attività a un amico è quello di chiedere in terza persona. Invece di chiedere: "Conosci qualcuno che potrebbe essere interessato? spesso vi diranno che si tratta di loro.

Esempio.

"Salve, sono Phil. Lei ha avuto molto successo nella sua attività e mi chiedevo se potesse aiutarmi a far crescere il mio business".

Documenti - i documenti raccolti da precedenti incarichi o eventi a cui si è partecipato possono essere un facile motivo per mettersi in contatto. Parlate di ciò che avete in comune, come gli eventi o le organizzazioni che vi hanno portato a ottenere i documenti della persona.

Esempio.

"Salve! Mi chiamo Phil Jones. Forse non si ricorda di me, ma ci siamo incontrati una volta a un evento della Camera di Commercio in Wisconsin. È ancora coinvolto nel settore della stampa?".

Settore - Essere uno specialista del settore è sempre importante quando si effettua una chiamata. Il fatto che abbiate esperienza nel settore e che abbiate lavorato con industrie simili è spesso una motivazione sufficiente per farvi incontrare.

Esempio.

"Salve! Mi chiamo Phil Jones e sono un membro dell'Hospice del Sud Est dell'Inghilterra. Ho visto la vostra pubblicità su una rivista specializzata locale e ho pensato che avremmo potuto aiutarci a vicenda. Come ha funzionato finora la vostra pubblicità?".

E-marketing: le persone che inviano i loro dati per entrare in contatto con voi online sono potenziali clienti molto interessanti e devono essere trattati con rispetto. Prima di descrivere il vostro prodotto o servizio, ricordate di spiegare il motivo per cui sono arrivati sul vostro sito web.

Esempio.

"Pronto, sono Phil. Di recente ha visitato il nostro sito web alla ricerca di ulteriori informazioni sugli investimenti immobiliari. Ho visto che ha scaricato il libro elettronico. e volevo assicurarmi che il download fosse andato a buon fine".

Networking - Prendere appuntamenti è **semplice,** in quanto si fissano piccoli appuntamenti con tutti coloro che si incontrano. Questi incontri sono spesso un trampolino di lancio per veri e propri appuntamenti di vendita.. Utilizzate questi eventi, invece di vendere agli eventi, per ottenere appuntamenti.

Esempio.

È stato un piacere conoscerla oggi e credo che abbiamo molto da offrire l'uno all'altro. Quale giorno della settimana sarebbe adatto per continuare questa conversazione?

Elenco - Per invitare persone della **vostra** organizzazione associativa o dell'elenco, dovete presentarvi molto brevemente. Potete iniziare la conversazione parlando dell'organizzazione a cui appartenete e proseguire da lì.

Esempio.

"Salve! Mi chiamo Phil Jones. Ho visto che lei è registrato come membro dell'associazione Self. Storage. Sono diventato membro da poco, ha partecipato alla conferenza annuale?".

Stesso nome: tutti quelli che vi vengono in mente in questa sezione rientrano in una delle categorie precedenti. Prendete il telefono, iniziate una conversazione e vedete dove vi porta.

Tuttavia, chiarendo il motivo e lo scopo della chiamata, anziché limitarsi a presentare il prodotto o il servizio, la telefonata sarà molto più semplice, meno probabile che venga rifiutata e molto più efficace.

non lasciare un messaggio vocale

È probabile che alcune delle chiamate effettuate finiscano nella segreteria telefonica. Il mio consiglio è di evitare il più possibile di lasciare messaggi in segreteria. Se lasciate una chiamata persa, è più probabile che riceviate una chiamata di ritorno piuttosto che un messaggio vocale. Quando si lascia un messaggio registrato, si cede il controllo della conversazione all'altra persona. Invece, riagganciate il telefono e cercate di contattarlo in un altro momento, cambiando l'ora del giorno in modo da poterlo raggiungere.

Formula di successo garantita.

Un desiderio comune dei professionisti è quello di dedicare tutte le loro attività di sviluppo del business ai prospect perfetti, in modo da poter dedicare il proprio tempo. a persone disposte ad acquistare, anziché sprecare il proprio tempo. Tuttavia, spesso rimangono delusi dai tassi di risposta e si rendono conto che non esistono scorciatoie per il successo. Tuttavia, la mia più grande preoccupazione per queste campagne su larga scala non è che non abbiano il tasso di successo sperato, ma che, in caso di successo, l'azienda non sia in grado di gestire la risposta.

Quando si chiede a chi vuole aumentare la propria base di clienti, il tasso di crescita desiderato in relazione al numero di clienti è spesso una cifra molto ragionevole. Nella maggior parte dei casi, se riuscite ad acquisire uno o due nuovi clienti a settimana, il vostro successo sarà rivoluzionario.

Cosa porteranno 100 nuovi clienti alla vostra attività?

Se siete seriamente intenzionati a raggiungere questo livello di crescita, esistono strategie collaudate che aumenteranno in modo significativo la vostra capacità di ottenere affari e di assumere il pieno controllo del processo. In primo luogo, è necessario considerare tre aspetti fondamentali nella ricerca di potenziali clienti pre-qualificati

1. Hanno già deciso di essere interessati al prodotto o al servizio, quindi i requisiti vengono spiegati loro in modo rigoroso.

2. Le persone sono solite fare acquisti. Pertanto, non avete opportunità esclusive.

3. Perdete il controllo della conversazione perché non hanno bisogno di consultarsi molto per offrire una soluzione.

In quest'ottica, il compito di convincere i potenziali clienti a fare affari con noi diventa molto difficile perché hanno troppi preconcetti.

Le vie alternative al mercato sono molto diverse. Non esiste una corsia preferenziale per raggiungere l'opportunità perfetta e spesso l'ingrediente mancante per ottenere il successo desiderato è un po' di attività in più e molta direzione.

- Prendete una lista con almeno 100 nomi.

- Per organizzare un breve incontro tra due professionisti del settore, chiamate il maggior numero possibile di contatti dell'elenco per fissare un appuntamento. Dite che vorreste passare 15 minuti insieme per vedere come potete aiutarvi a vicenda.

- Questo dovrebbe portare ad almeno 10 appuntamenti. In questi appuntamenti, individuate innanzitutto come potete aiutarli. Poi chiedete loro quali sono le esigenze del vostro lavoro e cercate soluzioni semplici. Non cercate di vendere. State semplicemente cercando di stabilire se esiste una reale opportunità di business.

- Almeno cinque incontri evidenzieranno le richieste di ciò che offrite. In questi casi, dovreste dire qualcosa del tipo. "In questi casi, non sono sicuro che questo sia necessario per voi, ma qualcuno conosce qualcuno che potrebbe essere in grado di aiutarvi?". Presentare la vostra attività in questo modo non comporta alcun rifiuto. e può essere facilmente esaudito dal potenziale cliente.

- Se lo fate, almeno due dei vostri potenziali clienti compreranno da voi. Ma la buona notizia è che, agendo in questo modo, coloro che non comprano di solito vi passeranno ad altri potenziali clienti. Per loro è più facile passarvi il testimone che dirvi perché non vogliono comprare.

E continuano a ripetere questo processo.

- 10 reclute
- 5 opportunità reali 2 vendite
- Il trucco di questo metodo consiste nel fissare semplicemente gli appuntamenti senza essere troppo prescrittivi. È vero, ci sono molti incontri. Ma se due nuovi clienti a settimana possono trasformare la vostra attività, ottenere 10 appuntamenti a settimana ne vale sicuramente la pena. Di solito richiedono meno di un'ora e potreste scoprire che 10 ore alla settimana sono il vostro migliore investimento.

mostrare la propria preoccupazione

Si possono imparare molte cose sul servizio clienti, ma la maggior parte di esse consiste nel fornire un servizio eccellente una volta che ci si è assicurati un cliente. Se trattate ogni potenziale cliente come se fosse il vostro "migliore" cliente, è molto probabile che lo diventi presto.

Siamo certi che molti dei regali più memorabili che abbiate mai fatto siano stati pensati ed emotivi, piuttosto che un grande esborso finanziario. La conquista dei clienti è strettamente legata al romanticismo con il partner. Alcune semplici azioni che potete intraprendere consapevolmente sono.

- Lodare ed elogiare la controparte.
- Fornire sostegno nei momenti di bisogno.
- Ricordate le date e gli eventi principali.
- Offrire atti di gentilezza casuali.
- Create un'introduzione che sia di valore per loro.
- Ricordate il giusto tipo di gratitudine.
- Aprire le porte agli altri.

Abbiamo fornito e sperimentato molte idee e campagne per catturare l'attenzione di clienti e potenziali clienti e abbiamo scoperto che ci sono alcune idee molto pratiche, facili da implementare e che danno risultati costantemente buoni anno dopo anno. Man mano che il mondo abbraccia le comunicazioni digitali, queste diventeranno sempre più efficaci. Volevo trovare una forma di comunicazione che comprendesse che "è il pensiero che conta", che garantisse la ricezione del mio messaggio e che avesse un impatto e producesse risultati.

Di conseguenza, lo strumento di comunicazione che ho sviluppato non è altro che un biglietto scritto a mano.

Questo semplice biglietto, stampato e piegato in alta qualità , mi ha fruttato migliaia di dollari come strumento universale per comunicare con i potenziali clienti.

I criteri di successo per le carte che la mia azienda produce sono i seguenti

- Il biglietto è vuoto all'interno, in modo da poter inserire un messaggio scritto a mano.
- I dati di contatto di base sono riportati sul retro.
- Sulla faccia del biglietto c'è un messaggio universale e senza tempo.
- Le buste sono colorate in modo vivace.
- L'indirizzo sulla busta è scritto a mano.

I suoi usi sono infiniti e, a prescindere dal biglietto che invierete, conquisterete sempre i loro cuori.

Esempi di utilizzo della carta sono.

- Semi di conversazioni telefoniche con potenziali clienti.
- Follow-up dei colloqui di vendita che non portano a conversioni
- Apprezzamento per le impressioni positive delle persone incontrate attraverso il networking.

- Congratulazioni per aver assistito al successo.
- Gratitudine per l'ordine Gratitudine
- per la segnalazione

Si veda, ad esempio, il biglietto che ho inviato di recente per assicurarmi un'opportunità molto importante.

Caro David.

Da tempo ammiro la vostra attività e l'eccellente lavoro che svolgete. Ritengo di avere molto da contribuire al futuro successo della vostra azienda e vorrei parlarne ulteriormente. Mi metterò in contatto a breve per discutere di come lavorare insieme.

Grazie mille.

riempire

Un'altra importante differenza tra biglietti e lettere è che i biglietti vengono esposti in piedi, mentre le lettere vengono archiviate. Di conseguenza, uno può essere uno strumento di generazione di referenze per la vostra azienda, mentre l'altro ha un impatto molto limitato.

Selezionare un alleato

L'aspetto più importante di un'attività di vendita di successo è l'acquisizione di nuovi clienti. Trovare nuovi clienti può essere un processo noioso e solitario. Un modo per accelerare questo processo e condividere la responsabilità di trovare nuovi clienti è quello di collaborare con altri professionisti di. che hanno una clientela simile alla vostra e che possono presentarvi alle loro reti piuttosto che ai vostri diretti concorrenti.

Il vantaggio di queste partnership è che accelerano la visibilità verso nuovi gruppi e aumentano ulteriormente la credibilità delle terze parti (.). Con queste partnership si passa dalla ricerca di nuovi clienti individualmente alla capacità di cercare più clienti.

- **Fissate appuntamenti e costruite relazioni:** incontratevi faccia a faccia con le persone a cui volete che vi riferiscano la vostra attività o la vostra azienda. Le persone preferiscono essere presentate a persone, non a organizzazioni. È anche più gratificante per la persona che fa la segnalazione.

- **Cercare la prima azione** - Quando si discute delle possibilità di alleanza, è facile entusiasmarsi per il quadro generale. Quando ciò accade, l'idea "cresce" e diventa rapidamente un grande lavoro. L'esperienza insegna che se si fanno cambiamenti troppo grandi, non succederà nulla. Quindi, iniziate con qualcosa di piccolo. Di solito cerco solo la prima introduzione.

- Quando ricevete dei referral, dovete capire che vi viene affidato il bene più prezioso di qualcun altro. Agite di conseguenza e comunicate con il vostro referente in ogni fase.

- Dite "grazie" - Due delle parole più belle della lingua inglese sono "grazie". Indipendentemente dal risultato, prendetevi il tempo di esprimere un sincero ringraziamento per la lettera di referenza che vi è stata consegnata.

- Esagerare con le promesse : **qualsiasi cosa abbiate** promesso al referente, dovete esagerare con le promesse. L'obiettivo principale è far sì che il referente ringrazi il referente per la segnalazione. Se otterrete questo risultato, potrete aspettarvi altri referral.

Prendete provvedimenti oggi stesso per costruire partnership solide, valutando chi vi porterà affari costanti.

Alcuni suggerimenti rapidi.

L'importanza di intrattenere conversazioni regolari con i potenziali clienti è stata menzionata più volte in questo capitolo. Tuttavia, è più facile a dirsi che a farsi e assicurarsi il loro tempo non è sempre facile. Oltre alle tecniche già menzionate, ecco tre strategie pratiche per ottenere appuntamenti.

Questo approccio fa parte di ogni campagna di crescita aziendale che ho condotto personalmente o con i miei clienti. Questa lezione è stata applicata al meglio quando abbiamo sviluppato la nostra attività immobiliare. Avevamo un prodotto di investimento immobiliare che rappresentava un'alternativa alle rendite. Questo prodotto richiedeva ai clienti di investire una cifra ragionevole. per raccogliere notevoli benefici a lungo termine. L'uso della pubblicità tradizionale e dei media digitali per trovare venditori di questo prodotto era incoerente e produceva risultati molto imprevedibili.

Questo ci ha spinto a cercare altri modi per raggiungere i nostri clienti ideali. Di conseguenza, è emerso che molti dei nostri potenziali clienti erano imprenditori di successo e uomini d'affari ben pagati, già clienti preziosi di consulenti finanziari, commercialisti e avvocati. Questo ci ha portato a cambiare completamente il nostro processo di vendita, formando innumerevoli piccole partnership con questi professionisti e introducendoci alla loro clientela, permettendoci di controllare il risultato. Immaginate che differenza farebbe per la vostra attività se riceveste decine di prenotazioni basate su raccomandazioni personali.

Per ottenere questo risultato è sufficiente seguire alcuni semplici passaggi.

- **Definire il mercato di riferimento:** scoprire esattamente chi è il cliente ideale e quali sono le sue attuali abitudini di consumo.

- **Identificare i potenziali settori partner -** considerare tutti i potenziali fornitori di prodotti e servizi con cui si ha già un rapporto di fiducia nel mercato di riferimento.

- **Fate una lista: elencate i** nomi e i recapiti delle persone dell'organizzazione**con cui vorreste parlare.**

- Le alleanze strategiche **di successo** funzionano solo se entrambe le parti sono ricompensate per i loro sforzi. Le ricompense finanziarie sono solo una forma di motivazione, quindi considerate cos'altro potete offrire. Competenze, dati e referenze sono tutti elementi estremamente preziosi.

valore tempo

Un errore che molti commettono quando cercano di ottenere un appuntamento è quello di chiedere troppo a lungo o di sembrare troppo occupati. I decisori sono spesso influenzati dalla curiosità, quindi se sembrate occupati e sembrate richiesti, saranno più motivati a incontrarvi per non perdere l'occasione. Quando si fissa un appuntamento, è più probabile che si ottenga un appuntamento più breve se si suggerisce un orario in cui l'incontro non si protragga a lungo: suggerire dopo le 10 o le 20 renderà più facile per loro trovare il tempo. Se viene specificata una fascia oraria, le persone tendono a pensare di dover accettare di incontrarsi a quell'ora.

Due versioni Sì.

Avete già capito l'importanza di prendere l'iniziativa nella conversazione: presentando due date e chiedendo "Cosa le conviene di più?", otterrete che il cliente si impegni per una delle due date o suggerisca un'alternativa, ottenendo così un appuntamento.

L'appuntamento garantito. Ci saranno sempre momenti in cui ottenere un appuntamento sembrerà fuori portata. Un modo molto particolare per garantirsi un appuntamento in un ambiente business to business è quello di diventare clienti dell'azienda con cui si desidera lavorare. Un modo molto particolare per garantirsi un appuntamento in un ambiente business to business è quello di diventare clienti dell'azienda con cui si desidera lavorare.

Vale quindi la pena di esaminare il vostro elenco di fornitori per vedere chi potrebbe diventare vostro cliente. Se riuscite a trasformare i fornitori in clienti, potete costruire relazioni di grande valore.

5

Cogliete l'attimo.

Il tempo trascorso in comunicazione diretta con i potenziali clienti è potenzialmente il tempo più gratificante investito in un'azienda. Lavorare sodo per creare queste situazioni significa considerare tutti i fattori che rendono il momento di successo. Un ottimo prodotto o servizio non si vende da solo. Quando si presenta l'opportunità di fare affari, bisogna cercare di valutarla correttamente e di sfruttarla al meglio. Questo capitolo presenta strategie, strumenti e tecniche per aiutarvi a convertire più contatti in contratti.

Chi ha il controllo?

Una lamentela comune nei confronti dei venditori è che sono invadenti. Questa opinione è spesso il risultato di un follow-up aggressivo. e può essere evitata del tutto se si adotta un approccio più professionale. Assumendo il controllo del processo di conversazione, raramente si sentirà il bisogno di inseguire o seguire. Se vi trovate in una situazione che richiede un follow-up, potete riprendere il controllo in modo tempestivo e confortevole.

Il successo nel processo di vendita dipende dalla capacità di controllare la conversazione e di guidare i pensieri e le azioni dell'acquirente. Lo scopo del gioco è controllare il potenziale cliente attraverso la sequenza di eventi che va dalla richiesta di informazioni al processo decisionale, per ottenere il giusto risultato nel labirinto e migliorare la sua situazione. Un errore comune che molti commettono è quello di tentare di imbrogliare le pratiche collaudate con il fast-tracking. Pensano che i potenziali clienti decidano di acquistare solo in base al prezzo, quindi forniscono un preventivo non appena ricevono una richiesta. Poi finiscono per negoziare il prezzo, per fare una vendita veloce o, nel peggiore dei casi, per chiudere la conversazione nel silenzio più assoluto. Spesso i clienti cercano di prendere una decisione in base al valore complessivo che offrite, non solo in base al prezzo. Uno degli aspetti più importanti del valore che offrite è la vostra persona, il tocco umano. Potete controllare questo aspetto rallentando la conversazione e conoscendovi un po' meglio.

Capite che le persone comprano dalle persone e iniziate a costruire un rapporto di fiducia, evitando così difficili scenari di follow-up.. Se possibile, incontratevi di persona. Durante l'incontro, fate domande per creare un rapporto di fiducia e ottenere le informazioni necessarie per raccomandare i clienti potenziali. Tuttavia, in questo momento si possono commettere semplici errori.

Fate domande e ascoltate. Evitate di comunicare troppo e informatevi il più possibile sulla loro situazione.

Alcuni dei migliori consigli che ho ricevuto da giovane rappresentante di vendita riguardano l'importanza dell'ascolto. Le buone domande sono essenziali, ma se non si ascoltano o non si traggono vantaggi dalle risposte, non si otterrà il massimo dalle opportunità che si hanno. Essere un grande venditore non significa essere "disinvolto" o "conoscere tutte le risposte". Il successo si massimizza ponendo domande eccellenti e ascoltando le risposte.

Ascoltare è una parola interessante, composta esattamente dalle stesse lettere di *silenzio*. Si tratta di consentire ai potenziali clienti di continuare a condividere informazioni senza dire nulla. Prendete il tempo necessario per ascoltare e prendere appunti. Ascoltando davvero, sarete in grado di adattare i vostri suggerimenti alle loro esigenze e di identificare innumerevoli opportunità, sia ora che in futuro.

.L'obiettivo è quello di mettersi in condizione di fornire le proprie raccomandazioni di persona, piuttosto che via e-mail o posta elettronica. Ciò significa che se non siete in grado di fornire le vostre raccomandazioni al primo incontro, dovreste organizzare una riunione per discutere le vostre scoperte prima di partire e mettervi in condizione di controllare la conversazione successiva. molto più facile che scoprirlo.

Quando tornate con la vostra proposta, iniziate a ricostruire il valore della posizione al termine dell'ultimo incontro. Dopo aver riconfermato le esigenze del cliente, spiegate come potete supportarlo e assicurate che potete offrire un buon rapporto qualità-prezzo. Il vostro ruolo è quello di fornire al cliente tutte le informazioni necessarie per prendere una decisione e fare il passo successivo.

Se la decisione viene presa sul posto, si può eliminare la necessità di un follow-up.. Upcalling. Il tempo investito nel controllo di questo processo sarà ampiamente ripagato sotto forma di tassi di conversione più elevati e meno tempo speso a inseguire una decisione.

Sebbene l'obiettivo sia sempre quello di ottenere le decisioni di persona, quasi certamente ci saranno casi in cui ciò non sarà possibile. Il vostro obiettivo è quello di partecipare a una conversazione in cui le decisioni siano condivise. Se non è possibile incontrarsi di persona, si può ricorrere al telefono o alla videoconferenza. A volte, però, può capitare di dover inviare un'offerta di servizi e poi seguire la vendita. In questo caso, seguite questi semplici consigli per migliorare i risultati del follow-up.

- Non lasciate messaggi in segreteria. Se si lascia un messaggio, non sarà possibile richiamare il numero.

- All'inizio dell'invito, confermate se le vostre referenze (non "preventivi" o "proposte") sono state ricevute.

- "Quali domande avete?" Chiedete. Le risposte che vi daranno vi riporteranno all'iniziativa. Se fanno domande, le vostre risposte porteranno a una decisione. Nessuna domanda significa che la decisione è stata presa.

- Se la comunicazione iniziale fallisce, provate un approccio diverso. Non molestate.

- Se ne vale la pena, si può andare a vederli di persona.

- Accettate la vostra offerta facendola dipendere dal tempo. È come dire a un bambino che se deve sbarazzarsi della cena avanzata non avrà il dessert. Limitare l'offerta ha lo stesso risultato.

Ricordate che il motivo principale per cui le persone non acquistano da voi è che rimangono indecise. Tutti coloro che sono bloccati nell'indecisione un giorno si decideranno, quindi se il vostro follow-up rimane improduttivo, non fermatevi. Inserite queste persone nella vostra lista NNT (No Not Today), controllatele regolarmente, aggiungetele alle vostre newsletter e mettetele in agenda per rivederle in futuro. A un certo punto, la loro situazione potrebbe cambiare e potrebbero aver bisogno del vostro aiuto. Questo tipo di perseveranza ha dato i suoi frutti a molte persone in passato e siamo certi che continuerà a darli anche in futuro.

Facile Prima Sì

Prendere decisioni importanti può essere difficile. Far prendere una decisione ai clienti richiede tempo, è laborioso e complesso. Quando i clienti sono alla ricerca di un nuovo fornitore, devono prendere molte decisioni, ma forse la domanda più importante da porsi è "Perché proprio voi?". Raramente si risponde a questa domanda prima che sia stata presa una decisione.

.Referenze, testimonianze ed esperienze di terzi possono aiutare i consumatori a sentirsi più sicuri nella loro scelta, ma anche in questo caso le decisioni che comportano cambiamenti importanti possono essere un processo difficile per loro. .Immaginate di dover cambiare un fornitore con il quale avete costruito un rapporto di fiducia a lungo termine, oppure di dover affrontare una necessità urgente per un progetto importante. E quanto più grande è la decisione, tanto più difficile diventa.

Tuttavia, rendere semplice il primo passo può spesso accelerare il processo decisionale. e attirare un maggior numero di nuovi clienti. Utilizziamo questo semplice esempio per illustrare la situazione. Probabilmente avete cenato in un ristorante, e il settore è pieno di esempi di primi sì facili. Si cerca di vendere a ogni cliente una bevanda, un antipasto, un'altra bevanda, un piatto principale, un'altra bevanda, un dessert e un caffè per ottenere il massimo valore di transazione per tavolo. Invece di aggiungere queste decisioni per prime, vendono prima le prenotazioni dei tavoli e poi le offerte chiave per riempirli. Sanno che una volta riempito il tavolo, hanno più possibilità di vendere cibo e bevande in diversi momenti del soggiorno. In questo caso, pensate bene se state cercando di vendere tutti i pasti in una volta sola. Come nel caso dei ristoranti, è difficile decidere i dessert solo dopo aver servito il pasto principale.

Un ottimo esempio di un primo SÌ semplice è la prima transazione con un prezzo basso. che trasforma i potenziali clienti in modo rapido e semplice.

- Fornire audit a basso costo prima della ricostruzione del sito. Sviluppatori di siti web
- Contratti di manutenzione prima dei prezzi fissi. paesaggisti che offrono la cura del prato
- Lavoratori edili che eseguono piccole riparazioni e lavori manuali prima di fornire preventivi per progetti più grandi.
- Un commercialista assiste nella compilazione delle dichiarazioni dei redditi e fornisce un supporto continuo alla pianificazione finanziaria.
- Rappresentanti di vendita diretta che presentano i loro prodotti e poi invitano le persone a unirsi alla loro attività.

Per continuare l'analogia con il gioco degli appuntamenti, è come chiedere a qualcuno di andare in vacanza con voi prima di chiedergli di vivere con voi.

Suddividendo le grandi decisioni in piccoli passi, potete spesso ottenere decisioni molto rapide da parte dei potenziali clienti, fargli provare l'esperienza di lavorare con voi e fare il passo. a fianco di tutti i vostri concorrenti, rendendovi una scelta facile.

Cosa si vende?

Nell'industria medica si dice spesso che "prescrivere prima di diagnosticare è negligenza medica". Immaginate di andare dal vostro medico e, senza farvi nemmeno una domanda, iniziare a spiegarvi quanto sia fantastico questo nuovo farmaco e raccomandarvi di prenderlo due volte al giorno. Probabilmente sareste un po' confusi e meno sicuri di seguire le raccomandazioni del medico.

Se invece un medico vi visitasse, conoscesse i vostri sintomi, eseguisse alcuni esami e vi desse esattamente gli stessi suggerimenti, avreste maggiore fiducia nel seguire i suoi consigli.

La mia personale definizione di vendita è "guadagnarsi il diritto di raccomandare". Ciò significa che non si dovrebbe mai introdurre l'offerta di un prodotto o di un servizio senza che prima sia stata identificata,. ragione centrata sul cliente. Il quadro di riferimento per raccomandare qualcosa a chiunque dovrebbe essere sempre "Per il fatto che hai detto ABC, ti raccomandiamo quello che è XYZ". Questa struttura significa che la maggior parte delle conversazioni di vendita si concentra sulla raccolta di prove a sostegno della raccomandazione.

Produrre il blues.

Le domande sono molto importanti per evitare di tirare a indovinare e per assicurarsi il diritto di raccomandare il proprio prodotto o servizio. In genere, il motivo per cui le opportunità di vendita non vengono massimizzate è che le domande sono mancanti o inadeguate.

Sapendo che le persone prendono decisioni d'acquisto basandosi sulle emozioni piuttosto che sulla logica, è di fondamentale importanza far sì che i potenziali clienti condividano le loro emozioni durante le domande. Un approccio collaudato in quasi tutte le opportunità di vendita consiste nel seguire questa semplice tecnica di interrogazione in tre fasi ( ).

1. **Quali sono i vostri piani per...?** Iniziate con una domanda ampia, che incoraggi l'acquirente a condividere la sua visione del futuro. Nella mia attività, di solito inizio in modo molto semplice dicendo: "Allora, spiegami il piano per l'azienda". Da questa domanda spesso scaturisce una comunicazione di 15 minuti che fornisce un quadro più completo, compresi gli obiettivi del management. È importante non rendere la domanda ampia e specifica. Il prodotto che offrite influisce solo su una parte del

piano. Tuttavia, se non si capisce tutto, sarà difficile capire dove si colloca la propria parte del piano. Un ulteriore fattore in questa domanda di apertura è la consapevolezza che la maggior parte delle persone è ottimista sul proprio futuro e crede che si troverà in un posto migliore di quello in cui si trova ora. Basando la vostra raccomandazione sul loro successo futuro, potete pensare più in grande e loro possono agire con più coraggio. In questa serie di domande, cercate di capire prima il "cosa" e poi il "perché". Se il piano prevede dei lussi, siate specifici su di essi, il che può essere un'informazione molto preziosa al momento di concludere l'affare.

2. **Come si sentono...?** Una volta capito dove stanno andando, è importante capire come si sentiranno una volta arrivati a destinazione. È facile: basta chiedere... E tutto ciò che dovete fare è ascoltare. Per arrivare alle vere emozioni che rendono questa tecnica davvero potente, bisogna essere pronti a scavare un po' più a fondo. L'obiettivo è evocare emozioni estreme come l'orgoglio o la felicità. Utilizzate aggettivi forti e non accettate risposte semplici come "Mi sentirò abbastanza bene" o "Bene".

3. **Quali sono le conseguenze di non fare quanto segue?** Le fasi 1 e 2 sono positive ed edificanti e forniscono anche le basi e il contratto per creare un impatto in questa terza parte. Molte persone sono molto più motivate a evitare perdite che guadagni. Facendo in modo che i potenziali clienti considerino onestamente gli aspetti negativi del mancato raggiungimento dei loro obiettivi in un modo diametralmente opposto ai loro pensieri e sentimenti precedenti, potete fornire una piattaforma potente per la vostra proposta. Poiché molte persone non pensano abbastanza al fallimento, porre questa domanda le costringe a pensarci. Una volta visualizzato il fallimento, si impegneranno molto di più per evitarlo.

Questa tecnica funziona aiutando il prospect a pianificare, a descrivere i suoi successi nel realizzare il piano e a visualizzare il dolore del fallimento. Spesso la descrivo come se dipingessi un quadro utopico per loro, verificando i loro sentimenti, trovando il loro dolore e peggiorandolo un po'. La buona notizia è che, dopo averli sollecitati a sufficienza, la presentazione dovrebbe essere l'unguento perfetto per quella ferita e, se riuscite a mettere in atto questi processi, otterrete più affari.

Le buone domande permettono di smettere di vendere e di iniziare a consigliare.

Facilitare l'acquisto

Il compito principale di un venditore è convincere i clienti ad acquistare prodotti e servizi. Spesso mi riferisco ai venditori come a dei professionisti "che creano menti . ". Se volete aiutare i vostri clienti a prendere una decisione, dovete esaminare attentamente il vostro processo e assicurarvi di fare tutto il possibile per rendere l'acquisto indolore. Considerate tutti gli ostacoli che impediscono di fare affari con voi e cercate di eliminarli. Rivedete i vostri processi burocratici, le strutture dei prezzi e i processi di implementazione e fate tutto il possibile per semplificare ed eliminare gli sforzi inutili dei consumatori.

I negozi online condizionano gli acquirenti con la semplicità del "one-click-to-buy" e con moduli che possono essere compilati dalla memoria del computer in pochi secondi.
Eliminate le barriere e fate il più possibile il lavoro per loro. L'aggiunta di un fattore di condivisione del rischio con i clienti significa anche che potete ottenere il loro impegno con meno resistenza.

Esempi di inversione del rischio

- Soldi. Garanzia di restituzione
- periodo iniziale di gratuità
- In caso di esito negativo, non viene addebitato alcun costo.
- Nessun contratto
- Risultati garantiti.
- Condizioni di pagamento interessanti.

Se volete più affari, eliminate tutti gli ostacoli dal processo di acquisto e continuate a fare la vostra fortuna.

fissare un nastro

Quando si fornisce un servizio piuttosto che un prodotto, molti clienti possono evitare la consultazione perché non sanno cosa vogliono, non sanno quanto dovrebbero pagare o non vogliono essere confusi o imbarazzati. Per i fornitori di servizi può essere molto utile pensare più come dei rivenditori. Se gestite un negozio che vende prodotti senza etichette con i prezzi, i clienti che vi vedono in negozio potrebbero pensare che tutto sia costoso e potrebbero non consultarvi per paura dell'imbarazzo.

Immaginate di essere un rivenditore al dettaglio. Il vostro obiettivo è incoraggiare le persone a entrare nel vostro negozio e aumentare il numero di visitatori. Le aziende di servizi (.) hanno lo stesso obiettivo e voi potete rendere più facile ai vostri clienti fare affari con voi utilizzando tre semplici tecniche.

1. **Primer di prezzo - un** esempio di servizio sotto forma di strategia di prezzo totale spiegata al cliente. Una grande catena di supermercati potrebbe utilizzare un prodotto virtuoso, mentre l'industria automobilistica potrebbe utilizzare un modello di auto. Questo processo può educare il pubblico alla strategia di prezzo complessiva, prendendo un'istantanea di un servizio e attribuendogli un prezzo. L'orgoglio di questo prezzo dimostra il valore che ritenete di offrire e dà ai clienti un'idea della vostra posizione di mercato.

   Gli esempi includono.

   o Servizio di contabilità che offre tre livelli di servizio per un canone mensile fisso.

   o 1. Impresa di pulizie domestiche a tariffa fissa per appartamenti con camere da letto

- ○ Gli agenti immobiliari devono avere una tariffa fissa per gli
- ○ annunci di appartamenti.

Gli architetti devono fornire il prezzo della serie di disegni approvati per l'ampliamento.

- ○ I parrucchieri bloccano i prezzi del blowout. out

Questi suggerimenti di prezzo non complicati e singoli. permettono alle persone di decidere se possono permettersi il vostro prezzo, forniscono un punto di riferimento per le variazioni e danno agli acquirenti la sicurezza di avere una conversazione con voi senza temere l'imbarazzo.

2. **Offerte in bundle: il valore** è solo una percezione. L'accorpamento di componenti all'interno della vostra offerta di servizi può dimostrare il vostro valore in modo molto più forte nella mente dell'acquirente. Gli acquirenti non possono fare a meno di giudicare il vostro valore quando possono chiaramente fare riferimento al calcolo del rapporto tempo/denaro.

Questo può portare a un deterioramento delle relazioni commerciali. La creazione di una collezione di beni e servizi può dimostrare un maggior valore, aumentare il valore medio delle transazioni e fornire un servizio più completo ai clienti.

.Considerate tutto ciò che può essere incluso, non solo servizi e prodotti specifici, ma anche elementi a valore aggiunto come l'assistenza clienti, le aspettative di servizio e il supporto telefonico o via e-mail.

Gli esempi includono.

- ○ Agenzia di design che ha raggruppato una serie di servizi come "business-in-a-box" per le nuove imprese, tra cui la progettazione e la produzione di una serie completa di articoli di cancelleria, un sito web di base e un pacchetto di linee guida per il marchio. .

- Un rivenditore di prodotti per la salute e la nutrizione combina alcuni dei prodotti più venduti di. per creare un set di coccole e un cesto regalo per un evento in calendario.

- Le location per matrimoni che offrono un pacchetto di servizi a un prezzo fisso., tra cui cibo, bevande, fotografia e intrattenimento.

3. **pagamenti mensili - la maggior parte delle persone è più** interessata alle spese mensili che al prezzo complessivo. Sia a livello personale che professionale, di solito tengono conto delle spese generali mensili. Offrire un servizio che si adatti alle loro abitudini di acquisto può facilitare il processo decisionale.

In genere, se riuscite a trasformare un prodotto o un servizio che comporta ingenti spese di mora in un'opzione di pagamento. mensile sostenibile, il risultato sarà un aumento dei profitti, un miglioramento del flusso di cassa e la massima fidelizzazione dei clienti. Se non offrite ai vostri clienti servizi di pagamento. mensile, potreste perdere un'enorme opportunità.

Gli esempi includono.

- Pagato. Opzione di vendita rateale mensile per prodotti di alto valore .

Avvocati che offrono piani di servizio mensili con livelli di servizio concordati.

- Un personal trainer confeziona servizi mensili e crea una tariffa mensile.

Impacchettando i vostri servizi e offrendo piani di pagamento mensili, potete attirare nuovi clienti e generare un reddito costante e ricorrente.

scegliere le proprie parole

Se conoscete il mio libro precedente, *Esattamente cosa dire,* sapete già quanto sia importante usare le parole giuste al momento giusto per *ottenere i risultati giusti.* Sì, le parole sono importanti. Così come le parole giuste possono portare a vendite di successo, ci sono molte parole che hanno l'effetto esattamente opposto.

Il momento peggiore per pensare a ciò che si dice è quello in cui lo si dice. Vi invito caldamente a saperne di più sul potere delle vostre parole. La differenza tra qualcuno che sceglie voi, qualcuno come voi o niente dipende molto spesso dal fatto che sapete esattamente cosa dire, quando dirlo e come farlo valere.

Tenendo presente questo, forse è importante cercare di essere più discorsivi. Invece di spiegare cosa dire, esaminiamo alcuni degli errori che le persone tendono a commettere e che possono influire negativamente sul loro successo nelle vendite.

Esplorate l'impatto di sette parole indipendenti che entrano nelle vostre conversazioni quotidiane. Se riuscite a eliminarle, sostituirle o cambiarle, o almeno a capire cosa stanno facendo, avrete un maggiore controllo sui vostri risultati.

se

La prima parola è una semplice 2. , una parola che aiuta le persone a capire se sono nel vostro campo o no, se credono in voi o no, se pensano che sia per loro o no.

Le due parole di lettere in questione sono "se". Da bambini abbiamo imparato a parlare capendo prima gli oggetti. Poi abbiamo visto gli oggetti come immagini e abbiamo associato a ogni immagine un suono, o una parola. Le parole prodotte dai suoni ci hanno permesso di dire a qualcuno che volevamo l'oggetto. Una volta compresi i suoni, abbiamo capito le parole e alla fine siamo stati in grado di scriverle.

Da adulti facciamo esattamente il contrario. Quando vediamo una parola sulla carta o la sentiamo pronunciare durante una conversazione, la cosa successiva che facciamo è imprimere nella nostra memoria l'immagine associata a quella parola. Le immagini sono la forza trainante del processo decisionale. Tutti decidono di fare qualcosa che hanno pensato di fare, almeno una seconda volta. Questo perché hanno deciso di farlo prima nella loro mente, prima di agire.

La parola 'se' crea una scelta". Il "se" crea una domanda e quando le persone si trovano di fronte a una domanda, decidono da che parte della domanda vogliono stare. Quindi, quando usate la parola "se" nelle vostre conversazioni di vendita, state creando delle condizioni. Le persone vedono un'immagine delle condizioni che presentate e decidono immediatamente da che parte di quella condizione vogliono stare.

Ecco un esempio. Supponiamo di dire a qualcuno: "Se rovesci quel bicchiere, il vino potrebbe macchiare il tappeto". L'altra persona vi giudicherà immediatamente in base alla probabilità che sia maldestra e accetterà o rifiuterà la vostra informazione. Il consiglio che offrite ha il 50% di possibilità di essere adottato.

Sostituendo la parola "se" con la parola "quando", si crea una risposta completamente diversa e, di conseguenza, i clienti possono vedere solo le macchie nella vostra mente. È molto più probabile che agiscano in base ai consigli che condividete.

La lezione di questo esempio è ancora più grande dell'ovvio. Invece di parlare in termini futuri o condizionali di "se", spostare la conversazione al presente di "quando" può aumentare notevolmente le probabilità di successo.

tuttavia

La seconda parola è quella che viene usata spesso in molte conversazioni, anche con voi stessi e con il vostro team, e che ha causato molti danni. Questa parola è "ma". Pensate se avete mai sentito questa parola in una conversazione. Probabilmente avete ricevuto un feedback seguito da un "ma" prima di ricevere un elogio o un riconoscimento. Tuttavia, l'unica parte che ricordate chiaramente è quella che segue la parola "ma". Questa parola quasi annulla ciò che è stato detto prima, associandola solo a cattive notizie. Cambiarla con "ma" aggiunge solo altre sillabe e non ha alcun senso.

Sostituire "ma" con "e" significa che tutte le informazioni sono corrette.

Esempio.

"Vogliamo lavorare insieme e possiamo vedere quali sono i vantaggi, ma dobbiamo davvero parlare del prezzo".

"Ci piacerebbe lavorare con loro e possiamo vedere quali vantaggi possono offrire, quindi dobbiamo solo parlare del prezzo".

Questi due esempi dicono quasi la stessa cosa. Tuttavia, il primo è pieno di conflitti, mentre il secondo contiene molta cooperazione.

Sostituendo "ma" con "e", la conversazione sarà più inclusiva e si otterranno più cose.

costo

Questa terza parola ha il potere di farmi rabbrividire e dovrebbe essere bandita da ogni conversazione commerciale del pianeta. Molte delle quattro. parole della lettera 'C' sono inappropriate in pubblico e questa parola è quella che fa più danni. Cosa ne pensate del costo nella vostra vita? È una cosa positiva o negativa? Nella maggior parte dei casi, il costo nella vostra vita è ciò che vedete come una cosa negativa. Nel momento in cui etichettate il valore che state cercando di portare ai vostri clienti come un costo, distruggete immediatamente il valore che avete costruito e collegate la vostra offerta a una descrizione che significa dare soldi per avere meno in cambio.

Credo che se chiedete un pagamento per i vostri beni o servizi, state cercando di offrire ai vostri clienti qualcosa in cambio. Forse un risparmio di tempo, un guadagno economico o semplicemente un'esperienza preziosa: qualunque sia questa contropartita, le etichette che potete dare alla vostra offerta varieranno. Se offrite qualcosa in cambio di un pagamento, potreste chiamarlo investimento. In genere, le persone sono molto più orgogliose di un investimento che di un costo. Il mio consiglio è di cambiare la terminologia da "costo" a "investimento" quando si parla con i clienti. Quando si cambia il modo di chiamarlo, le persone lo percepiscono in modo diverso.

noi

. È una delle parole più abusate per descrivere le vostre prestazioni lavorative, la vostra carriera fino ad oggi e le vostre caratteristiche uniche che vi posizionano come la scelta numero uno. Questa parola compare nei materiali di vendita, nei siti web e nel linguaggio parlato. La parola è *Noi e* il suo uso massiccio riguarda letteralmente tutti i vostri clienti, poiché voi siete letteralmente "noi". .

Quando si parla in termini di "noi", il principale beneficiario delle informazioni e dell'interesse a ricevere i risultati rimane la persona con cui si comunica. È improbabile che la parola "noi" stimoli il loro comportamento perché state parlando in termini di vostri interessi, non di quelli dei vostri clienti o prospect. Cercate di riposizionarvi il più spesso possibile. Se vedete o sentite la parola "noi", cambiatela con "voi".

Quando dite cose come "Quello che offriamo è un programma di formazione completo con una garanzia di 3. anni, un piano di assistenza e un'ampia garanzia", ritenete di essere i proprietari di ciò che state cercando di acquistare. Sostituite il beneficiario e attivate la frase. Invece di "cosa offriamo", dite "scegliere noi significa che...". In questo modo si va nella direzione di "significa che beneficiate di...".

Non deve trattarsi di ciò che "noi" offriamo quando la controparte dovrebbe essere "voi". Quando fate in modo che il cliente si appropri del vostro prodotto o servizio attraverso le parole, e poi lo invogliate ad accettare la vostra offerta, è molto più probabile che vada avanti.

prezzo elevato

Sebbene sia improbabile che voi stessi utilizziate questo termine, è probabile che i clienti lo utilizzino per descrivere voi o i vostri servizi e dovrebbe essere prontamente ricalibrato per evitare danni inutili. Se i clienti e i potenziali clienti vi etichettano come "costosi", sarà quasi impossibile per loro vedere il vostro prodotto o servizio come qualcosa da acquistare.

Il termine stesso può esistere solo in relazione a qualcos'altro e richiede un confronto. Usare il termine significa che i vostri acquirenti hanno già espresso un giudizio sul prezzo che state offrendo e l'etichetta che hanno apposto è fissata su qualche altro dato esistente. Ad esempio, si potrebbe chiedere: "Una Rolls-Royce è costosa? Rispetto alla maggior parte dei veicoli Ford, lo è certamente. Tuttavia, rispetto a una Bugatti, la Rolls Royce è in realtà una delle più economiche. Invece di chiamare qualcosa di costoso, spostiamolo, cambiamo le parole o chiamiamolo in modo diverso. Per coloro che etichettano la nostra come costosa, parliamo di un'opzione premium.

L'acquisto di opzioni "costose" può dare la sensazione di aver fatto un cattivo affare. Optare per l'opzione "premium" può farvi sentire come se steste ottenendo informazioni nel lusso.

prezzo basso

La parola successiva, dall'altra parte della barricata, è *"economico"*. Se qualcuno descrive qualcosa come economico, la parola che segue "economico" non è certo qualcosa che volete associare a voi stessi, alla vostra azienda, al vostro prodotto o al vostro servizio. Quindi vietiamo anche la parola "economico". Alcuni dei nostri prodotti possono essere più economici dei nostri prodotti premium, ma questo non significa che siano a buon mercato. Ma non significa mai economico.

In questi casi, sostituite la parola "economico" con la parola "valore" o "essenziale". Permettete agli acquirenti di essere orgogliosi del loro acquisto. di livello base.

problema

Parlare agli altri dei "problemi" che vedete può farvi guadagnare tanti amici quanto dire a qualcuno che ha un bambino brutto.

Attribuire tali etichette alle circostanze altrui può far sentire gli acquirenti sulla difensiva, il che può portare a situazioni rovinose. In realtà, c'è un forte senso di coinvolgimento nella creazione di quello che viene etichettato come "problema" e un senso di responsabilità che probabilmente li porterà a sostenerlo.

Le sfide possono essere superate. Sono ostacoli che possono essere superati, scavalcati, spostati di lato, aggirati... tutto può essere fatto, ma i problemi fanno discutere. I problemi possono essere risolti e si possono ottenere risultati positivi pensando in modo positivo piuttosto che incolpandoli o etichettandoli negativamente.

Un cambiamento fondamentale in questi termini è il passaggio da una conversazione incentrata sulla vendita di prodotti e servizi a una incentrata sulla proprietà del prodotto o del risultato da parte dell'acquirente.

Invece, c'è anche questo.	Invece, dite questo.
se	quando
tuttavia	e
costo	importo investito
noi	voi
prezzo elevato	premio
prezzo basso	valore
problema	autosfida
Quando vendere	Quando possedere

presentazione delle vendite

La parte della presentazione del processo di vendita, spesso chiamata "pitch", è la parte della "domanda", in cui si confeziona la decisione che si sta chiedendo di prendere nel modo più ordinato possibile e si chiede loro di prendere quella grande decisione.

Molte persone *sembrano resistere al termine "passo"*. Per me è un po' stridente.

Siamo tutti professionisti nel nostro campo, quindi quello che facciamo è presentare i risultati che cerchiamo, non lanciare messaggi.

Prima di questo, è importante capire come deve essere posizionata la presentazione all'interno del processo di vendita. Le presentazioni di vendita devono essere principalmente una strada a senso unico su . Dovete essere pronti a capire il potenziale cliente, a costruire un rapporto e a fare domande in modo da sapere che i vostri risultati sono rilevanti per quel cliente. In questo modo si può verificare che ciò che si sta per presentare sia una soluzione appropriata alle sue sfide, che si adatti alle sue esigenze e che possa finire per dirle "grazie" alla fine della sua presentazione.

Dopo tutto questo lavoro, dovreste sentirvi abbastanza sicuri del fatto che la vostra presentazione si sta muovendo verso un "Sì!". Questo significa che avete il pieno controllo e potete fare una presentazione di vendita pura con pochissime interruzioni, trasmettendo tutte le informazioni, trasmettendo entusiasmo e creando slancio verso la chiusura dell'affare.

Volete che le persone prendano decisioni e si impegnino ad andare avanti. L'entusiasmo stesso è il catalizzatore del processo decisionale, quindi se volete che le persone prendano decisioni e si sentano entusiaste, dovete esserlo anche voi. Siate entusiasti quando offrite soluzioni.

Gran parte della vostra presentazione è rappresentata da voi stessi. Voi siete la vostra presentazione. Questi strumenti possono supportare la vostra presentazione, ma non devono guidarla. Che si tratti di un lancio di 60 secondi, delle parole conclusive di un'offerta di mezza giornata (.) o di un riassunto di un incontro faccia a faccia, ogni buona presentazione di vendita deve seguire deliberatamente la struttura prevista. dovrebbe seguire la struttura fornita deliberatamente.

Prima di iniziare la presentazione, decidete cosa volete che faccia il vostro pubblico. Volete che dicano sì e firmino un contratto? Volete che vi diano un assegno, contanti o i dati della carta di credito? Volete semplicemente passare alla fase successiva o volete ulteriori informazioni? Finché non conoscete le risposte a queste domande, non potete costruire una presentazione di vendita di successo.

Mostra. La presentazione di un tappo avviene in tre fasi.

inizio

Questo set up ha due componenti chiave.

1. **Scenario -** una dichiarazione di apertura che permetta all'interlocutore di identificare esattamente il motivo per cui si sta svolgendo la conversazione. Può essere qualcosa di semplice come "Siamo qui riuniti oggi per scoprire come i servizi di XYZ possono aiutare a migliorare ABC". In questo modo, potete indicare immediatamente che si tratta di una conversazione incentrata sui risultati (.). In questo modo, potete prendere l'iniziativa dando uno scopo alla conversazione. Potete poi leggere il linguaggio del corpo dell'interlocutore e le sue risposte per capire quanto resta da fare. Se l'interlocutore annuisce e sorride, siete tranquilli perché sta accettando lo scopo dell'incontro. Se invece si siedono in modo scomodo, significa che stanno solo cercando informazioni o che non sono in grado di acquistare oggi. In questo caso, vi accorgerete che la vostra presentazione deve essere fatta a un livello molto più alto.

2. **Ordine del giorno - Può trattarsi di un** ordine del giorno formale, redatto per iscritto, che spieghi i punti che **verranno trattati e** consegnato a ciascun partecipante, oppure può essere semplicemente una spiegazione verbale di ciò che verrà trattato. Se si tratta di una spiegazione verbale, potrebbe essere semplice: "Vorremmo dedicare un po' di tempo a spiegare la nostra storia, la nostra struttura per aiutarvi a raggiungere i vostri obiettivi e i servizi specifici che vi abbiamo consigliato oggi, per poi lasciare un po' di tempo a voi per decidere cosa volete fare dopo". Sarà.

Quindi, presentando un ordine del giorno, controllate la discussione e fate in modo che le persone vi permettano di seguire le linee stabilite. Dicendo alle persone che alla fine saranno chiamate a prendere una decisione, le avete avvertite. Inoltre, chiedendo una decisione all'inizio della presentazione, vi siete obbligati a chiedere una decisione alla fine.

Il centro.

La parte centrale è importante perché è qui che dovete fornire informazioni sufficienti per prendere una decisione d'acquisto. Ci sono tre componenti chiave che devono essere presenti al centro di ogni presentazione

1. **storia e credibilità - si tratta di** voi e della vostra azienda. Volete differenziarvi dai vostri concorrenti e questa è la vostra occasione per farlo. Si tratta della durata del vostro lavoro e del tipo di persone con cui avete lavorato in passato.
Come esempio di ciò che porta credibilità immediata.

   - Numero di successi passati.

   - Premi e accreditamenti

   - . Name drop da parte di clienti e partner di alto profilo

   Quando si dice quanto si è bravi, bisogna fare attenzione a non parlare male degli altri clienti. Questo perché potrebbero pensare "se lavori con un'azienda così grande, sei troppo grande per me. Non voglio essere il loro peggior cliente", perché potrebbero pensare che "non voglio essere il loro peggior cliente". Nella mia attività, lavoro con centinaia di proprietari di aziende indipendenti basate sul sito. e con aziende Fortune 500. Questo dà a tutti i livelli la sicurezza di essere clienti di un'azienda. Questo dà alle persone, a tutti i livelli, la certezza che siamo adatti a loro.

   Inoltre, essere comprensivi in terza persona può aumentare la credibilità. Vantarsi di se stessi può essere difficile. Spostando le testimonianze dei clienti e i feedback dei clienti in terza persona è possibile vantarsi con maggiore umiltà.

   Esempio.

   - "Molti dei nostri clienti ci descrivono come...". Questo è espresso come.

   - "Proprio la settimana scorsa, un cliente...".

   "Se si guarda al nostro profilo Yelp, abbiamo oltre 100 recensioni a cinque stelle. ".

Terzo. partito nella storia e

Anche la parola "affidabilità" può essere usata per esaltare il valore e la sostanza, ma senza essere prepotente e senza dare l'impressione di arroganza.

2. **Condividete la gamma di prodotti e servizi che offrite - vi** è mai capitato che un potenziale cliente vi dicesse che, anche se voi offrite quel prodotto o servizio, lui lo acquista da qualcun altro? È certamente vostra responsabilità condividere tutto ciò che avete da offrire, e anche se potrebbe essere sulla vostra brochure o sul vostro sito web, questa è comunque la vostra occasione per informare le persone. Dovrebbe essere una lista di prodotti e servizi, non una descrizione dettagliata di tutto ciò che avete da offrire. Se offrite solo una manciata di servizi, un elenco può essere sufficiente. Se invece offrite una gamma completa di servizi, l'elenco dei "da" e dei "per" darà agli acquirenti la certezza che li avete coperti. In questo modo non solo si gettano le basi per future opportunità di vendita, ma gli acquirenti si sentono sicuri di trattare con voi oggi, sapendo che potete crescere con loro.

3. **Pertanto, fornite tutte le informazioni necessarie su quell'oggetto**. Prima di vendere qualsiasi cosa extra, dovete vendere un oggetto importante, quindi fornite tutte le informazioni che devono sapere su quell'oggetto. Questo vale per le caratteristiche del prodotto, ma anche per il suo significato e per il modo in cui può aiutare la loro situazione. Reinserite le loro parole utilizzando termini come "perché" e spiegate cosa significa per loro in termini di come la vostra soluzione può aiutare la loro situazione.

A questo punto, anche il prezzo dell'offerta dovrebbe essere spiegato in modo imponente e non dovrebbe essere lasciato all'ultimo minuto. .Il prezzo è in una posizione perfetta per seguire la descrizione dell'intero pacchetto e l'induzione al prezzo può essere semplice come "potete ricevere tutto questo per un investimento fisso di solo (inserire prezzo)".

fine

Ma perché smettono di ascoltarmi nel bel mezzo della parte più importante della mia presentazione? Potreste pensare che sia perché non siete interessati. Ma in realtà è il contrario. Sono andati nel loro posto felice e hanno iniziato a pensare al significato e all'attuazione delle idee che state chiedendo loro di adottare. Hanno smesso di ascoltare e quando tornerete a richiamare la loro attenzione, si chiederanno cosa si sono persi e non sentiranno di avere tutte le informazioni necessarie. Quindi non sono ancora chiamati a prendere una decisione. Ecco perché è necessario un finale forte.

Fate un riassunto. Il riassunto costituisce solo una panoramica di ciò che avete detto loro. Condividete la vostra storia e la vostra credibilità, condividete la gamma di prodotti e servizi che offrite e ribadite il fatto che avete parlato loro in modo dettagliato della cosa giusta per loro e del perché la ritenete tale. In questo modo, i clienti inizieranno a controllare l'elemento nella loro mente e penseranno di aver ricevuto tutte le informazioni di cui hanno bisogno. Poiché credono di avere tutte le informazioni necessarie per prendere una decisione d'acquisto, potete chiedere loro di fare ciò che avete detto inizialmente e prendere quella decisione. Concludete quindi guidandoli verso il risultato della loro decisione iniziale e invitandoli a fare il passo successivo.

Variazioni di questa presentazione saranno necessarie innumerevoli volte in futuro. Le vostre parole sono importanti, e a questo punto dell'interazione lo sono più che mai. Annotate ogni parola, pensate ai componenti come blocchi indipendenti e continuate a evolvere la vostra presentazione di vendita, aumentando la vostra sicurezza e competenza a ogni interazione.

chiusura

I venditori sono sottoposti a un'enorme pressione per "chiudere la vendita". Se seguite i principi che vi abbiamo illustrato finora in questo libro, questa pressione è quasi superflua. La chiusura consiste nell'indurre l'acquirente a compiere un'azione per confermare la sua decisione. Vista la conversazione fino a questo punto, sembra giusto chiedere una decisione. È meglio che vi distacchiate dal successo della decisione stessa. Sappiate che la vostra responsabilità è quella di aiutare l'acquirente a concludere la sua azione con una risposta definitiva e di facilitare tale decisione (.). Lasciate perdere l'idea che state manipolando o pretendendo una decisione positiva e considerate invece che state guidando il risultato in una direzione che sembra essere la soluzione giusta per tutte le parti. Gli acquirenti di solito vogliono essere guidati e, in fase di chiusura, la vostra leadership può aiutare tutti a ottenere ciò che stavano cercando. Ecco cinque tecniche ampiamente utilizzate per controllare la fine della discussione e condurla al traguardo in queste situazioni.

Presupposti.

In ciò che vi abbiamo detto finora, siete stati esposti a un processo di vendita molto consulenziale. Uno dei motivi principali per cui molte persone hanno paura di chiedere affari è la paura del rifiuto. Aggiungendo al processo di consulenza un approccio di domande e risposte fittizie, si crea una tecnica in cui non c'è alcun timore di essere rifiutati.

Sapendo che l'acquirente sta probabilmente cercando la vostra guida, potete fare una serie di affermazioni e poi porre una domanda dopo l'affermazione. Se l'acquirente risponde alla domanda, significa che è soddisfatto di quanto avete affermato.

Immaginiamo ora una conversazione telefonica a sfondo sociale.

"Stavamo cercando il giorno migliore per la nostra prossima serata e ci siamo resi conto che giovedì 20. 3 sembrava il migliore. Pensavo di mangiare prima in un ristorante cinese in collina verso le 19 e poi di andare in centro in un nuovo cocktail bar verso le 21. . Andrete in macchina o prenderete un taxi fino al ristorante?

Si tratta di una serie di affermazioni che portano il destinatario a rispondere con una delle opzioni e ad accettare il resto dell'agenda. L'unica altra opzione è suggerire un'alternativa o porre una domanda. Qualunque sia il metodo utilizzato, si tratta di un modo rapido ed efficace per confermare una decisione.

Per fare una presentazione efficace occorrono fiducia e attitudine. Per essere sicuri della vostra presentazione, considerate lo sforzo che avete fatto per arrivare a questo punto. Senza dubbio i vostri interlocutori saranno molto interessati e annuiranno e sorrideranno durante la presentazione. A questo punto, vi assicuro che vi siete guadagnati il diritto di fare ipotesi.

Un semplice esempio commerciale potrebbe essere il seguente.

Inizieremo a lavorare al progetto il prima possibile e lo completeremo al massimo entro la metà del mese prossimo. Compreso tutto ciò di cui abbiamo parlato oggi, il vostro investimento è di soli 450 dollari. Per iniziare, tutto ciò che dovete fare è compilare un semplice modulo a pagina 1. , iniziando con il vostro nome e indirizzo. Dove volete che sia il vostro indirizzo?

Quando si risponde alla domanda, il cliente accetta la spiegazione precedente e conferma l'ordine. L'unica azione che il cliente può intraprendere è quella di porvi una domanda alternativa. In questo caso, rispondete alla domanda e poi fate di nuovo una domanda semplice.

chiusura condizionale

In passato, potrebbe esservi stato chiesto da un cliente di cambiare i prezzi, i termini o gli orari standard. Se un cliente vi chiede di cambiare i termini e le condizioni standard, dovreste riprendere il controllo con una chiusura condizionale prima di prendere in considerazione la mossa. La chiusura condizionale è una forma di "Se posso... , vuoi...?" e si basa sulla struttura "Se posso..., vuoi...?". Alcuni esempi sono.

- "Se può assicurarsi quel prezzo, come vorrebbe ordinare oggi?".

- "Se rispettate la data di consegna, potete pagarmi oggi?".

- "Se potessi cambiare queste condizioni, vi impegnereste con noi come fornitore esclusivo?".

Questo ritorno di controllo significa che dovete solo dare loro qualcosa in cambio di un'azione da parte loro. Questo vi permette di determinare rapidamente lo scenario e se il potenziale cliente è effettivamente disposto a fare affari con voi o se sta semplicemente facendo shopping.

chiusura alternativa

Nella prima metà del libro, vi è stata data la possibilità di scegliere tra due appuntamenti e vi è stato chiesto: "Quale preferireste?". e chiedendo "Quale preferisce?", si è appreso un metodo di chiusura alternativo che permette di ottenere più facilmente un appuntamento.

Lo stesso principio può essere utilizzato per accelerare il processo decisionale offrendo più varianti della risposta "sì" (.) e dando al cliente la possibilità di scegliere. Selezionando i dettagli della transazione complessiva e poi scegliendo i dettagli, l'intero processo decisionale può essere chiarito.

Gli esempi includono.

- "Lo vuole rosso o nero?".
- "È con (inserire articolo) o senza (inserire articolo)?".
- "Potete consegnare nei fine settimana? O potete farlo in un giorno feriale?".

Limitare le opzioni e dare a se stessi il controllo è un modo rapido per orientare il processo decisionale. Chiarite i contrasti ed eliminate le ambiguità. Nel primo esempio, se avessi chiesto "che colore vuole", il cliente avrebbe discusso all'infinito sulla pletora di opzioni e la decisione si sarebbe prolungata a causa dell'ampia scelta.

chiusura diretta

Nella vostra carriera vi sarà capitato di avere a che fare con persone che non riescono a decidere. Ad alcuni di voi potrebbe essere stato chiesto di rivedere la vostra proposta più e più volte, lasciandola per sempre come un "forse". Io chiamo queste persone "maniscalchi" ed è nostro compito guidarle attraverso il processo decisionale in modo rapido ed efficiente. Il tempo è prezioso. In questi casi, un approccio diretto è l'opzione migliore. Lo faccio solo se sono disposto ad accettare un "no" da parte del cliente.

Ciò significa presentare all'acquirente un'opzione "sì" o "no" e chiedere "Sta ordinando? Sì o no?". Questo processo innesca la fiducia dell'acquirente nel prendere una decisione e andare avanti in entrambi i casi. Questo può spesso portare a una decisione positiva, poiché il timore di accettare l'offerta innesca regolarmente la decisione di acquisto.

Panoramica Chiudi

Le grandi decisioni sono difficili. Le piccole decisioni sono molto più facili. Scomporre la decisione presentando una serie di piccole domande per aiutare l'acquirente a sentirsi sicuro della propria decisione è un ottimo secondo tentativo se l'acquirente rimane indeciso.

Il vostro obiettivo è costruire un ritmo di domande che portino tutte a risposte basate sul sì . Il ritmo con cui gli acquirenti confermano il "sì" a ogni componente fa sì che il "sì" sia l'unica opzione per l'insieme. Iniziate con quelle a cui si può rispondere con un "sì" definitivo e proseguite con decisioni più specifiche.

Esempi di personale contabile possono essere.

- "Hai sicuramente bisogno di un commercialista".

- "Avete la dichiarazione dei redditi il mese prossimo, vero?".

- "Volete che il vostro commercialista sia locale?".

- "È in grado di gestire tutti gli aspetti della contabilità?".

- "Oggi abbiamo fatto un'altra chiacchierata". "Pensa che possiamo aiutarla con quello di cui ha bisogno?".

- "Capisce i nostri livelli di servizio e i nostri prezzi?".

- "Secondo le nostre argomentazioni, il Pacchetto Argento sarebbe il più efficace?".

- "È qualcosa che vuoi iniziare immediatamente?".

Una risposta positiva a ciascun componente dà fiducia a tutte le parti interessate e consente di passare esattamente all'azione successiva necessaria per iniziare.

Questo approccio rallentato. , guidato dai componenti. consente anche di trovare piccoli ostacoli che potrebbero essere evitati dopo la separazione.

Innesco dell'acquisto

Sono molti i fattori che spingono le persone a prendere una decisione d'acquisto. L'aggiunta di questi elementi alla presentazione, alla proposta e alla chiusura del contratto può fornire un vantaggio speciale per innescare un ulteriore processo decisionale.

- Scarsità di prodotto.
- vendita limitata
- Facilità della prima azione
- Un omaggio per ogni acquisto.
- sconto sul volume
- Condizioni di pagamento interessanti.
- velocità di consegna
- Eliminazione della paura della perdita.

6

Massimizzare le opportunità

Anche voi, come la maggior parte delle persone, avete la garanzia di lasciarvi alle spalle il successo in quasi tutte le interazioni. Che si tratti di appuntamenti faccia a faccia, di conversazioni telefoniche o di messaggi di marketing, state evitando un enorme potenziale di successo nelle vendite, lasciando soldi sul tavolo.

Leggendo questo articolo, potreste trovare un po' scoraggiante pensare che il vostro tasso di conversione sia alto, che i vostri clienti siano felici e che la vostra attività stia andando bene. Ogni momento è importante quando si tratta di far crescere la vostra attività. Indipendentemente dal vostro attuale livello di successo, l'obiettivo è sempre quello di arrivare un po' più in alto e di sfruttare al meglio le vostre opportunità. Troppe persone affrontano le opportunità di vendita con la mentalità che ci sono solo due possibilità: il successo o il fallimento. Invece di rendere le cose bianche o nere, cambiate le sfumature della zona grigia basandovi sui vostri successi in ogni singolo incontro d'affari, alzando gli standard e sfidando voi stessi a vedere quanto potete ottenere da ogni momento.

Ciò significa che dovete pianificare il vostro livello di successo prima di ogni opportunità e considerare ciò che viene effettivamente offerto. Potreste fissare un appuntamento con qualcuno che ha espresso interesse per un particolare prodotto o servizio. Mantenete una mente aperta e pensate: "Cos'altro potrebbe offrire questa persona?

Cose da considerare.

- **Vendite aggiuntive - il** momento più facile per vendere qualcosa a **qualcuno** è subito dopo che ha preso la decisione di acquisto iniziale.

- **Prossimi appuntamenti -** aumentare la frequenza delle transazioni è un ottimo modo per far crescere la vostra attività. E potete tenerla sotto controllo pianificando il vostro prossimo appuntamento.

- **Referenze -** Chiedere referenze dovrebbe essere una pratica di routine.

- **Risparmio sui costi: se** passate del tempo con questo cliente, potrebbero migliorare la loro offerta per voi. Se non chiedete, sicuramente non otterrete.

- Molti dei vostri clienti avranno un database di clienti e vi invieranno regolarmente delle newsletter. Se chiedete loro di includervi in questa newsletter, potrebbero accettare.

Ancora una volta, se non lo chiedete, non lo otterrete!

C'è sempre di più a disposizione. Considerando l'entità dell'opportunità prima di coglierla, avrete maggiori probabilità di ottenere di più da essa.

Questo capitolo illustra alcuni modi per guadagnare più tempo e consolidare i propri successi.

Prevenzione dell'invenduto

Nel mondo degli affari moderno, la reputazione è tutto e la ripetizione degli affari, il follow-up dopo la vendita e le referenze sono essenziali per la crescita dell'organizzazione. Quando si vendono se stessi, i propri prodotti o servizi, il desiderio di fare bella figura sul momento o di facilitare una vendita in giornata può portare a promesse un po' esagerate.

Lasciate spazio nella vendita per offrire risultati superiori alle aspettative e non vendete mai e poi mai qualcosa a un prezzo superiore al suo valore. Fare false promesse può farvi sembrare troppo belli per essere veri, oppure il prezzo che offrite potrebbe non corrispondere al vostro valore. In questi casi, i consumatori non si fideranno della vostra capacità di mantenere le promesse.

Quando le cose sembrano "troppo belle per essere vere", la domanda interiore è: "Qual è la fregatura?". Per risolvere questo problema e attirare le persone verso il vostro modo di pensare, esistono alcune semplici soluzioni.

1. In ogni affare c'è una cattiva notizia che si accompagna a tutte le buone notizie: **ditela.** Condividere anche le cattive notizie aiuterà le persone a capire esattamente cosa state offrendo.

2. **Fiducia nel prezzo - una** mancanza di fiducia nel prezzo suggerisce che i consumatori ritengono che il prezzo non ne valga la pena. Più si ha fiducia nel prezzo, più i consumatori ritengono che sia un prezzo equo.

3. **Stabilite aspettative realistiche:** fissate delle aspettative minime e poi lavorate per superare le aspettative del cliente. Questo approccio non solo vi farà guadagnare più affari, ma vi aiuterà anche a mantenere i clienti più a lungo, superando le loro aspettative e creando una reputazione di facile referenza.

Informazioni sul prezzo

La prima lezione sui prezzi mi è stata offerta quando ero un uomo d'affari di 14 anni (.).. La semplicità di questa lezione è stata ripetuta in numerose offerte, con decine di clienti ed è ancora qualcosa che ho bisogno di ricordare continuamente nella mia attività.

Da bambino ho gestito un'attività di car valeting di grande successo, iniziata facendo pagare solo 3 sterline per un lavaggio a mano dell'auto (.). Ben presto mi resi conto che potevo far pagare 3,50 sterline senza compromettere il processo decisionale di. e spesso riuscivo a convincere le persone a pagare 4 sterline per i miei sforzi. La mossa naturale successiva è stata quella di provare con 4,50 sterline. Questo ha magicamente portato a una convenienza ancora maggiore per i clienti. Hanno pagato con una banconota croccante da 5 sterline. e hanno detto: "Tenete il resto". Su una nota positiva, si è passati di nuovo alle 5,50 sterline, ma ci si è subito scontrati con la resistenza. Tuttavia, la resistenza iniziò presto. I clienti rimandavano gli appuntamenti, rimandavano le pulizie o addirittura le annullavano del tutto. Ho scoperto per tentativi che il prezzo massimo per il servizio che offro è di 5 sterline.

Incontro molti imprenditori che parlano con orgoglio di come riescono a convertire il 100% delle loro opportunità. Ma la realtà è che alcuni clienti dovrebbero essere esclusi dal prezzo e, se non lo facciamo, non abbiamo ancora trovato il punto di prezzo ottimale. Il prezzo deve essere calcolato in base a quanto vale il vostro prodotto o servizio per il consumatore, non a quanto vi costa. Se offrite il vostro prodotto a un prezzo che il consumatore è disposto a pagare e realizzate un profitto ragionevole, siete in attivo.

Osservate i prezzi attuali e considerateli dal punto di vista del cliente. Che cosa implica? Se vi venisse presentato, come lo interpretereste e cosa pensereste?

Con l'aumentare delle conoscenze e dell'esperienza, aumentano anche le competenze e i prezzi. In qualsiasi professione, l'esperienza porta ricompense. Migliorando le vostre capacità di vendita, potrete dimostrare il vostro valore ai clienti ed essere ricompensati di conseguenza.

Testate i vostri prezzi e provate continuamente nuovi punti di prezzo fino a trovare quello ottimale. Potete quindi introdurre prodotti premium o value su entrambi i lati del vostro prodotto o servizio principale: se avete un cliente che è contento di pagare 5.500 dollari, non farà alcuna differenza se chiedete 5.650 o 5.685 dollari. E sappiate che se avrete successo nella determinazione dei prezzi, guadagnerete il 100% di ogni dollaro speso, senza costi aggiuntivi o lavoro supplementare.

Il vostro downsell.

Presto imparerete i principi per ottenere ulteriori vendite o upselling dai clienti. Tuttavia, spesso viene trascurata la capacità di salvare le opportunità fallite introducendo il downselling. L'acquisizione dei clienti è l'atto più impegnativo nella crescita di un'azienda, ed è quindi utile cercare modi per sfruttare gli scenari di vendita che non producono i risultati chiave desiderati.

Se il primo risultato non viene raggiunto, valutate cosa si potrebbe introdurre in alternativa. Potrebbe trattarsi di affidarsi a un "primo sì semplice" o di introdurre una frazione degli ordini previsti.

Quello che so è che un successo parziale è molto più soddisfacente di un fallimento completo. Avere l'agilità di prendere decisioni minori quando la prima azione fallisce vi porterà un significativo incremento di business e vi darà l'opportunità di raggiungere i vostri obiettivi originari nel tempo.

Nella mia attività, i clienti mi dicono spesso che non è possibile assicurarsi i miei servizi direttamente come relatore o formatore. Questo ha portato a vendite al ribasso, come ordini di libri o corsi di formazione online. In questi casi, non ho raggiunto i miei obiettivi iniziali, ma ho comunque ottenuto vendite redditizie e, in molti casi, ho lavorato ulteriormente con il cliente.

La mancanza di un downsell fisso crea molti scenari in cui entrambe le parti perdono.

Semplice upselling

Come vendere valore aggiunto nel punto di acquisto si può imparare studiando una delle aziende più efficienti. Il franchising globale McDonald's ha acquisito la capacità di aumentare la dimensione media degli ordini ponendo domande molto dirette a ogni cliente che ordina un pasto. Questo invito "go large" o "supersize" ci dice molto di quello che dobbiamo sapere per fare upselling con successo.

1. **Tempistica - Esiste un** momento perfetto per introdurre ulteriori vendite al cliente. È dopo il punto di decisione e prima del punto di pagamento. Questa finestra offre un periodo di tempo in cui si ha molto da guadagnare e pochissimo rischio di perdita.

2. **L'up-charging -** acquisti complementari o quantità aggiuntive che non superino il 20% del prezzo originale concordato - può contribuire ad accelerare il processo decisionale. Se si supera questo limite, potrebbero essere necessarie ulteriori discussioni e lo slancio potrebbe essere rallentato.

3. **Conseguenze del rifiuto - Il rifiuto non ha** conseguenze, nessun rimprovero da parte del datore di lavoro al dipendente, nessuna sfida da parte del server al cliente. Il compito del cameriere è fare domande e non preoccuparsi delle conseguenze.

4. **Frequenza delle richieste: le** richieste vengono fatte ogni volta, senza mai sbagliare, e in ogni parte del mondo. La coerenza è fondamentale e l'effetto combinato di queste domande ripetute ha portato a un aumento delle vendite di milioni di dollari ogni anno.

Dopo aver compreso l'eleganza di questo esempio, dovete chiedervi se questi lavoratori sono più o meno qualificati di voi. Se questo accade in un fast food di livello mondiale, sono certo che potrete replicarlo nella vostra azienda e ottenere un aumento significativo delle entrate. Seguite le regole, fate le domande e affrontate il problema con la seguente mentalità.

Alcuni lo faranno.

Alcuni non lo fanno.

Che dire!

I clienti di McDonald's non si sarebbero persi un liquido extra o una manciata di patatine in più. Ogni extra messo a disposizione è un vantaggio aggiuntivo e non se ne sentirà la mancanza, a meno che non venga messo a disposizione e inviti il cliente a farsi avanti.

Creare benefici

Ci sono solo tre modi organici per costruire un'azienda.

1. Raggiungere più clienti.
2. Aumentare la scala delle vendite.
3. Aumentare la frequenza delle transazioni.

Quando andate a fare la spesa come consumatori, vedete costantemente esempi di come le aziende cercano di attirare il vostro comportamento e di ottenere uno di questi risultati. Vi invito ad aprire i vostri sensi e a imparare dagli esempi che vi circondano. Creare l'offerta giusta per il vostro prodotto o servizio può avere un impatto enorme sulla quantità e sulla qualità delle transazioni e può portare a una vendita di successo.

Si noti che esistono sei diversi tipi di offerte, ognuna con un utilizzo molto diverso per massimizzare i risultati. Una volta compreso il modo in cui utilizzare le offerte, rimarrete stupiti da ciò che potrete fare per innescare ulteriormente i giusti risultati.

campagna multibuy

Nei negozi di tutto il mondo troverete queste promozioni: compra tre, prendi due; compra quattro, prendi uno gratis; compra due, prendi cinque; compra uno, prendi uno gratis; compra uno, prendi uno gratis; compra uno, prendi uno gratis; compra uno, prendi uno gratis; compra uno, prendi uno gratis; compra uno, prendi uno gratis; compra uno, prendi uno gratis; compra uno, prendi uno gratis. Ciascuna di queste offerte è concepita con uno scopo specifico. Lo scopo principale delle offerte multi-buy è quello di convertire la fedeltà ai beni di consumo, come spesso accade per gli articoli da toilette. La prima offerta allettante è sufficiente a distogliere l'utente dalla marca scelta in precedenza, e la quantità che rimane crea un impegno che può portare l'utente a scegliere il nuovo prodotto come nuova marca.

Se l'offerta è uno sconto su un singolo prodotto, l'opportunità di cambiare fedeltà si riduce notevolmente. Invece, le offerte di acquisto multiplo incoraggiano le persone a comprare più prodotti di quelli di cui hanno realmente bisogno. L'utente si abitua a usare quel prodotto, quindi la volta successiva che va in negozio, se non c'è un'offerta speciale su nessun prodotto, il prodotto acquistato con l'offerta diventa la sua scelta abituale e ha cambiato fedeltà.

Aggiungendo quantità ai materiali di consumo e utilizzando offerte di acquisto multiplo per incoraggiare la fedeltà, gli acquirenti diventano più investiti in voi e nei vostri prodotti e servizi.

Sconto benefici

Sebbene le ragioni di molte offerte siano molteplici, i motivi principali per cui si praticano sconti prima di un incontro d'affari sono, in primo luogo, lo smaltimento delle scorte indesiderate e, in secondo luogo, l'offerta di incentivi più elevati ai nuovi clienti per realizzare vendite a tappe.

In qualsiasi attività commerciale è essenziale sgomberare le vecchie scorte, e nei servizi (.) c'è l'opportunità di fissare i prezzi (.) come incentivo a trattare i vecchi materiali. Molti coach, consulenti e formatori hanno sviluppato materiali da acquistare nel corso degli anni, ma questi non fanno più parte della loro offerta principale. Riunirli e offrirli a una frazione del prezzo originale può essere un ottimo modo per assicurarsi entrate dagli extra.

Il secondo utilizzo è più appropriato se si riconosce il valore di vita del cliente e si ritiene che si perderà margine sulla prima transazione e lo si recupererà con le vendite successive. . Tali offerte dovrebbero essere mirate per ottenere il massimo impatto e combinate con un processo di vendita pre-pianificato per espandere successivamente l'account.

offerta condizionale

Le offerte condizionate sono un modo per creare una serie di criteri di idoneità che i clienti devono soddisfare per accedere a ulteriori vantaggi. Le condizioni includono.

- Dimensione della transazione
- velocità di funzionamento
- Fornitura di dati aggiuntivi.
- Impegno in azioni alternative.

Le condizioni sono gli obiettivi che si vogliono raggiungere. Esempio.

- Spendi almeno 100 dollari e ottieni il 20% di sconto sul tuo prossimo acquisto.
- Ordinate oggi stesso e riceverete questo regalo.
- Compilate il sondaggio e riceverete un mese gratuito (con il nome del prodotto).
- Se siete in compagnia di un amico, riceverete un articolo per ciascuno di voi.

Le offerte condizionate possono portare a un aumento del valore medio delle transazioni, a nuove segnalazioni di clienti, a una maggiore fedeltà e a vendite future.

appartenenza

La gerarchia dei bisogni di Maslow evidenzia il bisogno umano di appartenenza. In un mondo in cui i consumatori desiderano attenzione, avere clienti che appartengono alla vostra azienda è una risorsa importante.. Quasi tutti i servizi offerti sulla base di un modello di appartenenza hanno sviluppato la capacità di offrire pacchetti o pacchetti di servizi a pagamento. Distribuire i pagamenti su un periodo di tempo abbassa la barriera d'ingresso all'inizio del rapporto e aumenta la spesa totale nel corso della vita del cliente.

Trasformare servizi poco frequenti in una spesa mensile ricorrente può diventare un'abitudine nella routine dei vostri clienti. Distribuire l'investimento attraverso piani di pagamento programmati può anche aiutare i clienti a scegliere più rapidamente il vostro fornitore. Quanto più facile diventa, tanto più potrete ampliare la vostra base di clienti e aumentare la loro fedeltà nei vostri confronti.

Se avete un prodotto consumabile, cioè qualcosa che volete che la gente acquisti di nuovo e di nuovo, pensate a come far sì che i clienti si impegnino in transazioni regolari e diventino clienti abituali senza dover decidere. Una volta deciso, lo prenderanno finché non gli direte di smettere. È questo il senso di un'offerta di adesione.

Regalo dell'acquirente

I migliori esempi di queste offerte sono sempre presenti nei banchi dei cosmetici dei grandi magazzini. Un tipico flacone di profumo ha un prezzo di 52 dollari ed è probabile che sia disponibile un flacone da 1,5. oncia. passando a un flacone da 3. oncia il prezzo salirà a 75 dollari. Gli acquisti superiori a 75 dollari avranno un valore di 50 dollari (.) o più, tra cui borse, sacchetti per il trucco e teli da mare che possono essere regalati in edizione limitata. Di conseguenza, potendo scegliere tra le due bottiglie, la bottiglia più grande è risultata la chiara vincitrice, grazie al valore aggiuntivo percepito e al significativo aumento del valore medio delle transazioni in questo periodo.

I regali sono utilizzati per aumentare il valore delle transazioni in molti mercati e a tutti i livelli di transazione. Prendete spunto dall'esempio di un negozio locale di consegna di generi alimentari e osservate che gli omaggi vengono offerti in un punto ben preciso, tale per cui è necessario ordinare un articolo in più per soddisfare il requisito dell'omaggio. Un ristorante cinese locale offre un piatto campione gratuito con ordini superiori a 35 dollari, che di solito ammontano a poco più di 33 dollari per due persone.

Lettori Ross.

La loss-leadership è la pratica di vendere qualcosa a un prezzo inferiore al suo costo, con l'obiettivo principale di aumentare il traffico. Un grande supermercato del Regno Unito ha condotto una campagna aggressiva per il lancio di un libro di Harry Potter. Il libro aveva un prezzo di sole 5 sterline e la combinazione di questo prodotto, molto richiesto, e del prezzo molto basso ha fatto sì che una marea di persone acquistasse il prodotto in quel negozio.

Dove hanno posizionato i loro prodotti leader. ? La cosa più importante da ricordare è che il prezzo di un prodotto non coincide con il prezzo del prodotto stesso, ma il prezzo del prodotto è il prezzo del prodotto stesso. Questo è lo stesso approccio di una fornitura limitata di merci a prezzi ridicoli in. giorni di vendite di massa come il Black Friday e il Cyber Monday.

Avete bisogno di uno sconto?

Gli acquirenti sono abituati a chiedervi uno sconto. Questa certezza vi impone di preparare una risposta in anticipo.

Pensate a uno scenario della vostra vita in cui avete richiesto uno sconto, magari su un acquisto importante come una casa o un'automobile. Quando la riduzione del prezzo è stata ottenuta, avete provato un senso di realizzazione e di soddisfazione... Tuttavia, in seguito vi sareste chiesti se avreste potuto ottenere un prezzo migliore. Allo stesso modo, anche il venditore si chiede se avrebbe potuto ottenere un prezzo migliore. Di conseguenza, nessuna delle due parti è convinta di aver fatto il miglior affare.

Quando si acquista qualcosa in un negozio al dettaglio, si accetta che il prezzo è quello e si prosegue la giornata senza pensare alla transazione. Ci si sente soddisfatti dell'acquisto, sicuri di aver pagato la stessa cifra che chiunque altro avrebbe pagato quel giorno. Fate tutto il possibile per proteggere l'integrità dei vostri prezzi e garantire la coerenza a tutti gli acquirenti.

Prendete in considerazione la possibilità di modificare i prezzi solo se ciò che ottenete in cambio dello sconto è equivalente a una riduzione del prezzo. Se viene richiesto un prezzo migliore, considerate "cosa potete ottenere in cambio". Tra le cose da considerare ci sono.

- Ampliamento delle dimensioni degli ordini
- Long. Impegno a lungo termine con i clienti
- Miglioramento dei termini di pagamento.
- Introduzione di diverse organizzazioni che possono essere
- scambiate.

Testimonianze dei clienti e casi di studio per supportare il marketing futuro.

Ponete delle domande alla persona che richiede lo sconto, ascoltate le sue risposte e cercate dei modi per aumentare il valore per lei senza ridurre il prezzo, piuttosto che cambiarlo.

I modi possibili per aumentare il valore includono

- Proroga delle scadenze di pagamento
- Regalare extra in cambio di prezzi più bassi
- Se i budget non crescono, si riducono le specifiche.

I segreti del successo

Spesso trascurata, ma inestimabile per i clienti, è la pura convenienza di fare affari con la vostra azienda. Più è facile fare affari con voi, più è probabile che vi assicuriate le opportunità marginali che si presentano decine di volte all'anno.

Le grandi aziende, come le compagnie aeree e le aziende tecnologiche che producono applicazioni per la condivisione di. , hanno imparato a gestire questo aspetto grazie alla pura comodità di fare affari con loro. Facendo clic su un pulsante, ricordando i miei dati e sincronizzandoli su più dispositivi di comunicazione, rendono quasi impossibile fare acquisti con i concorrenti.

Forse non siete in grado di offrire questo tipo di convenienza, ma potete facilmente aumentare il valore della vostra offerta considerando ciò che gli acquirenti apprezzano di più. Cosa potete fare per eliminare le barriere al commercio? Come potete collegare i punti per loro quando le cose sono complicate? Come potete reagire quando le cose non vanno secondo i piani?

Lavoriamo con il nostro attuale stampatore da diversi anni e non abbiamo intenzione di cambiare in futuro. L'opportunità di cambiare fornitore è sempre data e sono sicuro che molte di queste alternative possono offrire prezzi più interessanti. Il motivo per cui sono così legato a questa azienda è che è tutto così facile. Accettano gli ordini per telefono, forniscono 70. conto giornaliero e poi apportano piccole modifiche senza alcun costo aggiuntivo, senza rifiutare il file dell'artwork a. house. Rispondono alle chiamate di notte e nei fine settimana e hanno scalato montagne per rispettare scadenze impossibili e richieste logistiche difficili. Grazie alla loro convenienza, sono il nostro fornitore abituale e li raccomando regolarmente. Sono partner della nostra attività e siamo ricompensati per il valore che apportano. Esaminate i loro processi e verificate quanto siano semplici per i loro clienti. È possibile ottenere più affari semplicemente eliminando le barriere e offrendo flessibilità.

4 R.

.Il successo nelle vendite richiede un'enorme autodisciplina, un impegno personale per la crescita, una determinazione inflessibile e una tolleranza per le battute d'arresto. Chiedere di più, di più, di più può portare rapidamente a salire sul tapis roulant e a lavorare sempre più duramente, con una mancanza di concentrazione e di considerazione per coloro che ci circondano.

In precedenza, in questa pubblicazione, abbiamo parlato di attività altamente gratificanti e abbiamo menzionato l'importanza della pianificazione e della revisione. Di fronte alla scelta tra fare bene, fare meglio o fare del proprio meglio, le persone sono sempre d'accordo nel fare del proprio meglio. Tuttavia, ritengo che questo approccio possa portare le persone a distruggere il proprio potenziale, poiché c'è poca possibilità di fare del proprio meglio o meno. Pertanto, concentrandoci sul "meglio" piuttosto che sul "meglio", possiamo scoprire gli elementi di miglioramento per intraprendere un viaggio di auto-miglioramento continuo..

Per attivare questo processo, metto regolarmente da parte del tempo per pianificare e rivedere correttamente le mie azioni (le chiamo le "4R").

Parte 1 - Riflessione.

Prendetevi del tempo per fare qualcosa di rilassante per voi stessi. Sedetevi nel vostro posto preferito, fate una passeggiata o una corsa, fate una doccia o un bagno rilassante e pensate a quanta strada avete fatto. Guardate indietro all'inizio di questo periodo e riflettete su tutto ciò che avete raggiunto. Non guardate al futuro, ma concentratevi sul momento presente, siate gentili con voi stessi e godetevi i risultati ottenuti finora.

Parte 2 - Recensione.

Una volta rilassati, sedetevi e lavorate sui compiti già svolti. Fate un elenco specifico di ciò che è andato bene negli appuntamenti e nelle azioni che avete portato a termine di recente. Evitate le critiche e identificate tutti gli aspetti positivi pratici delle vostre azioni precedenti. Può essere utile scrivere un elenco fisico e rimanere concentrati fino a quando non avrete esaurito tutto ciò che volete mantenere come parte del vostro protocollo.

Parte 3 - Perfezionamento.

È il momento di cercare miglioramenti. Non limitatevi a elencare le cose che avete sbagliato, ma guardatele attraverso la lente di ciò che fareste se vi trovaste di nuovo di fronte alla stessa opportunità. È il momento di essere onesti con se stessi e di guardare a ciò che si può migliorare e alle opportunità che si sono lasciate indietro. Invece di rimproverarvi per gli errori commessi, è un processo più gentile e produttivo agire per la "prossima volta".

Parte 4 - Schema.

Dopo ogni attività o azione deve esserci sempre un passo successivo. Tutte le attività precedenti possono essere ripetute e dovrebbero essere programmate regolarmente. Molti dei prospect e dei clienti che avete creato devono essere ricontattati e l'elenco dei miglioramenti per la prossima volta deve riguardare eventi specifici e tangibili. Scegliere di agire e mettere in pratica le lezioni appena scoperte vi aiuterà a rimanere aggiornati e a continuare a migliorare. Programmare azioni, chiamate, riunioni e altri compiti specifici vi aiuterà a mantenere il controllo, a proteggere la vostra memoria, a eliminare l'ansia e a concentrarvi sulla crescita.

7
Superare l'indecisione

Uno degli obiettivi principali delle vendite è quello di spostare le persone da una posizione di "no" e garantire risultati positivi. Tuttavia, secondo la mia esperienza personale, non è così. Credo che le persone che pensano "forse" o "forse un'altra volta" abbiano un'enorme opportunità di successo nelle vendite.

Nel corso delle attività di vendita, ci saranno sempre persone che dicono che stanno cercando di fare affari, ma non riescono a prendere una decisione. Possono sollevare obiezioni, scuse o motivi per cui non possono fare affari al momento. In tutti i settori in cui ho lavorato e in tutte le persone che ho formato, le obiezioni ricevute rientrano solitamente in una delle seguenti categorie

- intempestivo
- Ho bisogno di parlarne con qualcuno.
- shopping in giro
- Soddisfatti dei fornitori esistenti
- Serve tempo per pensare Troppo
- costoso

Questo capitolo analizza come evitare, superare e negoziare questa indecisione, con il risultato di aumentare le vendite attraverso la creazione di opportunità.

tenersi a distanza da un avversario

Quasi tutte le obiezioni che avete affrontato avrebbero potuto essere evitate se aveste posto buone domande all'inizio del processo di vendita. Esaminate le obiezioni più comuni e valutate come evitarle prima di consigliare la vostra soluzione. Se le obiezioni che ricevete sono ricorrenti, il primo passo è sviluppare una serie di domande da porre nella fase di qualificazione che vi permetta di raccogliere le prove necessarie per evitare del tutto le obiezioni.

L'esempio migliore è la mia esperienza quando lavoravo con un team di vendita nel settore dell'arredamento. Durante la vendita di mobili, mi sono trovato di fronte a diverse obiezioni, molte delle quali riguardavano due dei fattori di profitto chiave dell'azienda: in primo luogo, la richiesta di trattare il divano in modo che non si macchiasse in caso di versamento di acqua; in secondo luogo, la richiesta di rivestire il divano in modo che si abbinasse al divano e ai poggiapiedi. poggiapiedi da abbinare ai divani.

Le obiezioni più frequentemente espresse nei confronti di questi due prodotti sono state le seguenti

- Siamo molto attenti e non mangiamo o beviamo sui mobili.
- Non c'è spazio per un poggiapiedi.

Esaminando queste due contro-argomentazioni, appare subito chiaro che si tratta più di scuse che di fatti, ma è molto difficile controbatterle senza dare del bugiardo all'acquirente (anche se sappiamo che gli acquirenti non sempre dicono la verità). Per questo motivo ho iniziato a sviluppare una serie di domande da utilizzare all'inizio della conversazione, prima che venga presentata una delle due opzioni, con risposte che rendono quasi impossibile per il consumatore pronunciare queste tipiche scuse. Ad esempio, "Chi altro usa questi mobili oltre a te?". seguita da una domanda del tipo "Come vuole intrattenersi?". seguita da. Dopo aver citato la prima persona che lo avrebbe utilizzato, tutti hanno ammesso di intrattenersi. Credo che nessuno ammetta di non avere amici.

Si potrebbe quindi chiedere: "Vuole metterlo nella sua stanza migliore o in una stanza di uso quotidiano?". La risposta a questa domanda confermerebbe che il divano è stato usato molto o che deve essere mantenuto come nuovo. Poi: "Da quanto tempo utilizza il suo precedente divano?". La domanda. Indipendentemente dalla risposta, la domanda successiva era sempre: "Vuole che duri lo stesso tempo o di più?". Così è stato. La risposta era sempre sì.

Questo ci ha fornito le basi per consigliare la protezione del tessuto, ma rimaneva il problema dello spazio per i poggiapiedi. Abbiamo chiesto: "Allora, quanto è grande la stanza?". e siamo andati dritti al punto con la domanda "Quanto è grande la stanza?". Indipendentemente da

.risposta, saremmo stati rassicurati dal fatto che "wow, questa è una stanza di discrete dimensioni". E non era raro che disegnassimo la pianta e creassimo lo spazio in base a quel disegno. Poi guardavamo gli schizzi e facevamo domande sulla disposizione dei posti a sedere per i visitatori e sullo stoccaggio, che poi diventavano la base per consigliare i poggiapiedi.

Di conseguenza, ero perfettamente in grado di consigliare prodotti aggiuntivi a loro piacimento, non a me. Ho detto: "Hai detto XYZ, quindi ti consiglierò ABC", utilizzando le conoscenze acquisite nella conversazione precedente per fornire un quadro di riferimento per l'introduzione di altri prodotti, come le protezioni per i tessuti e le scale a pioli.

Il processo ha quasi raddoppiato i tassi di conversione e il principio è stato adottato da aziende di tutto il mondo con risultati spettacolari.

Invece di enfatizzare l'opzione "sì", è meglio porre domande che eliminino l'opzione "no". Identificate le opportunità reali e consigliate solo quelle giuste alle persone giuste e per i motivi giusti.

Vendere significa guadagnarsi il diritto di raccomandare, e il tempo investito per guadagnarsi tale diritto garantisce sempre che la raccomandazione venga accolta con maggiore autorità e credibilità.

Risposta alle obiezioni.

Tutte le obiezioni devono essere trattate come obiezioni e voi dovete assumervi la responsabilità personale, poiché il fatto che le obiezioni siano state sollevate può significare che hanno preso la parte sbagliata. Nel corso degli anni ho sviluppato un semplice sistema che funge da struttura per superare le obiezioni presentate.

1. **Chiarire le obiezioni - ricordate che per avere** successo nelle vendite è importante mantenere il controllo del processo. Nel momento in cui il cliente solleva un'obiezione, il controllo viene messo in discussione e si può cambiare facilmente. Considerate lo scenario del colloquio.

   domande su chi ha il controllo completo. Sapendo questo, se trattate ogni obiezione come una domanda e cercate di riprendere il controllo ponendo altre domande, potete avvicinarvi alla vera obiezione. La domanda ideale è semplicemente quella di far spiegare ulteriormente l'obiezione. Un esempio universale, e la mia risposta predefinita è:" Perché lo pensi?".

2. **Accordarsi e scusarsi - poiché una** contro-argomentazione è vista come una differenza di opinione, accordarsi e scusarsi per una contro-argomentazione può facilmente risolverla e fornire una posizione equilibrata. In questo modo, avrete una piattaforma per rispondere e non combatterete il fuoco con il fuoco. Se qualcuno

obietta che i vostri prezzi sono cari, potete dire: "Sono assolutamente d'accordo. Quando cerco di comprare qualcosa cerco anche il miglior valore possibile, mi dispiace molto perché evidentemente non mi sono spiegato bene". Potete dire.

3. **Verificate se questa è l'unica preoccupazione - chiedete** se **questo è l'**unico fattore che impedisce il **progresso.** Se la controparte è d'accordo, c'è solo un'obiezione da superare. Se si salta questo passaggio, può diventare una partita a tennis, con la controparte che presenta un'obiezione dopo l'altra, ognuna da superare.

4. **Prendetela in modo positivo:** accettate che il fatto che non siano d'accordo con voi è la prova che sono interessati al vostro lavoro, non che non lo sono. Questo avrà un impatto molto positivo sul vostro atteggiamento.

5. **Rispondere positivamente - Quando** qualcuno vi mette alla prova, è molto facile concentrarsi su ciò che non potete fare. Concentratevi invece su ciò che potete fare. Se l'obiezione si basa sul prezzo, spiegate cosa potete fare con quel budget.

6. **Chiusura sintetica: dopo aver** spiegato cosa si può fare, lo strumento di chiusura più sicuro quando si ha a che fare con l'indecisione è quello di chiudere in forma sintetica. Lo strumento di chiusura più sicuro quando si ha a che fare con l'indecisione è chiudere in forma sintetica. Suddividete la decisione in cinque o dieci decisioni più piccole e ponete domande dirette e incentrate sul sì . Se rispondete sì a ogni domanda, sapete di essere d'accordo con tutto ciò che è stato detto.

Negoziare come un professionista.

Il business è semplice, ma non facile. Di solito è l'ultimo 10% del processo a fare la differenza rispetto alla media, ed è spesso questo il momento in cui molti si arrendono. La capacità di negoziare efficacemente quando le cose non vanno per il verso giusto contribuirà notevolmente al vostro successo e lo renderà infinitamente più gratificante. Seguite questi nove principi per diventare un negoziatore provetto e aumentare il numero di persone che condividono il vostro modo di pensare.

1. la **discussione finisce con un perdente - nessuno** vuole essere un perdente. La sfida delle discussioni in un ambiente di vendita è che se voi siete i vincitori, i vostri clienti sono i perdenti. Evitate le discussioni a tutti i costi.

2. rispettate l'opinione dell'altra persona - **ora** siete
   Non dovete essere d'accordo con loro, ma hanno diritto alla loro opinione. Cercate di capire e apprezzare le ragioni delle loro argomentazioni.

3. **Ammettere di aver sbagliato - Ammettere ciò che non si sa** e ciò che si sa essere sbagliato può aggiungere peso a ciò che si sa.

4. Ponete una serie di semplici domande a cui si possa rispondere con un sì, per attirare il potenziale cliente verso il vostro punto di vista. Rispondendo "sì" a queste domande sarà più facile per il potenziale cliente continuare a dire "sì".

5. **Meno chiacchiere - la** causa principale di incomprensione e di mancata comunicazione efficace è il mancato ascolto.

6. **Fate credere che si tratti della vostra idea - introducete la** vostra idea come una domanda piuttosto che come un'affermazione. In questo modo, il potenziale cliente può scegliere il vostro punto di vista come proprio.

7. **Mettetevi nei panni dell'altra persona - può** sembrare difficile, ma è fondamentale mostrare empatia quando si negozia. Mettendosi nei panni della controparte, si può capire perché la pensa in quel modo. Questa prospettiva può migliorare la sostanza della negoziazione.

8. **Drammatizzate le vostre idee: che stiate** vendendo un prodotto, un servizio o un'idea, l'entusiasmo è persuasivo. Basta essere più carismatici quando si comunica il proprio punto di vista per far sì che le persone siano più propense a condividere le proprie idee.

9. **Lanciare una sfida:** alla fine di una trattativa, proponete **sempre** una sfida o un ultimatum. Un buon esempio è: "Allora, se riusciamo a concludere oggi, possiamo confermare subito l'ordine?". Questo sarà.

La padronanza della negoziazione si ottiene con la pratica. Per esercitarsi è necessario innanzitutto negoziare con coraggio, senza aspettarsi risultati e senza temere perdite. Non arrendetevi facilmente e credete in voi stessi. In generale, vincere una trattativa richiede sia abilità che fiducia.

durata

All'inizio di questo libro siete stati incoraggiati a pensare al vostro cliente perfetto o ideale. Queste opportunità perfette e. di. anche le persone non perfette che vi hanno ignorato, rifiutato o che hanno promesso di agire e non l'hanno fatto, hanno ancora un valore per voi e per la vostra attività. È facile prendere molto sul personale la mancanza di successo nelle vendite, sentirsi feriti dal fallimento o interpretare il rifiuto come una decisione eterna da non rivedere mai più.

In quanto consumatori, siete consapevoli che la vostra situazione è in continuo cambiamento. Quello che oggi può sembrare un "cattivo momento" per un potenziale cliente può rivelarsi un "buon momento" domani, a causa di vari fattori interni ed esterni. Con questa consapevolezza, è vostra responsabilità non dimenticare mai i vostri potenziali clienti e fare tutto il possibile per assicurarvi di rimanere nella loro mente quando si presenta l'occasione.

Create un elenco di NNT (No Not Todays) e tenetevi in contatto con loro in modo da essere la prima persona a cui pensano quando le cose cambiano. Ciò include il mantenimento dei contatti con loro nei seguenti modi

- E-mail regolari. E-mail e newsletter
- Aggiungi ai social network
- Sono passato a salutare.
- rispondere al telefono

L'obiettivo è far sapere che si sta pensando a loro, senza essere invadenti.

Concentriamoci sulla chiamata. Un mio buon amico e primo mentore ha una grande storia da raccontare sulla perseveranza e su come questa lo abbia aiutato a ottenere il più grande contratto di formazione mai ottenuto e a sostenere lo stile di vita straordinario suo e della sua famiglia. Ha chiamato il cliente dei suoi sogni alla stessa ora, ogni settimana, per 18 mesi, ma non è riuscito a lasciare il suo assistente personale. Tuttavia, non ha mai rinunciato a raggiungere il suo obiettivo, ha continuato a chiamare e, dopo aver costruito un buon rapporto con la sua assistente, è stato finalmente messo in contatto con il proprietario e ha ottenuto un appuntamento. Il risultato è stato un contratto che ha apportato cambiamenti rivoluzionari alla sua attività. Senza dubbio, ne è valsa la pena. Il mio consiglio è: non mollare mai, mai, mai, mai, mai! è.

L'avvocato del diavolo.

Capita regolarmente che si generi un interesse concettuale per un prodotto o un servizio, ma che a questo non segua un invito concreto all'acquisto.

.Quando ero nel settore immobiliare abbiamo sviluppato un fantastico prodotto di investimento a lungo termine. Il modello consisteva nel possedere una proprietà libera al sole che poteva essere utilizzata per uso personale. Il prodotto aveva un rendimento previsto del 1.000% in 15 anni (.) e avrebbe continuato a fornire reddito anche in seguito. Il concetto e l'opportunità erano interessanti per quasi tutti coloro che incontravo e la richiesta di maggiori informazioni era travolgente. e. Sono state inviate e-mail, organizzati incontri, spediti opuscoli e tutto ciò con un ritorno minimo.

Qualcosa doveva cambiare. La vera sfida consisteva nell'attirare un numero sufficiente di potenziali clienti che volessero acquistare proprietà specifiche in aree di sviluppo specifiche a prezzi specifici. Senza di ciò, avrei perso il controllo e l'intero progetto sarebbe rimasto nel limbo.

Da bambina, con mio fratello e mia sorella, entravo in un mondo di fantasia sfogliando il catalogo di mia madre. E potevamo decidere rapidamente il tipo di casa in cui ci sarebbe piaciuto vivere. Da questa strana logica ho sviluppato una tecnica di chiusura che ho chiamato chiusura "dell'avvocato del diavolo".

Ogni volta che veniva sollevato l'interesse di un potenziale cliente, si creava uno scenario ipotetico, preceduto da "Facciamo un po' la prova del diavolo". Si trae quindi la deduzione: "Se dovessi investire, lo farei in questa proprietà?". Una volta arrivati a questo punto, siamo stati in grado di avere molte più conversazioni reali sul mondo., di presentare informazioni reali e di collegare regolarmente l'interesse per il concetto ad acquisti effettivi.

Fare domande ipotetiche può aiutarvi a ottenere le informazioni necessarie per aumentare le vendite?

8
Proteggere l'investimento

Espandere la vostra base di clienti, acquisire più ordini e vincere la concorrenza è solo una parte del lavoro. .Si tratta di avere una visione a lungo termine e di avere il giusto piano di manutenzione per tutto ciò in cui si investe.

Considerate i vostri clienti, ambasciatori e potenziali clienti come dei bancomat e, se curati correttamente, potrete stampare tutto il denaro che vi serve, quando vi serve. Proteggete il vostro investimento utilizzando gli strumenti giusti per servire la vostra comunità e dimostrare che vi interessa. Concentrarsi solo sui nuovi clienti vi rende vulnerabili e ostacola la crescita a lungo termine.. Questo perché iniziate a perdere clienti non appena li create. Tornando alle relazioni e agli appuntamenti, i clienti hanno bisogno di attenzioni continue e di sentire che vi preoccupate per loro, quindi mantenete il legame con punti di contatto regolari. Assicuratevi quindi di mantenere i vostri clienti in contatto con punti di contatto regolari.

Le grandi aziende possono riunire grandi team per la gestione degli account e la fidelizzazione dei clienti. Nel mondo di oggi, i canali di comunicazione sono numerosi e, anche con risorse limitate, gli strumenti giusti al posto giusto possono aiutare a mantenere i clienti impegnati.

Questo capitolo non è assolutamente esaustivo, ma si concentrerà su alcuni degli strumenti di gestione degli account che fornisco ai miei clienti e che sono essenziali per costruire e gestire una comunità di contatti e incoraggiarli a fare acquisti su base continuativa. Molti di questi strumenti sono in costante evoluzione e cambiamento, quindi la scelta è ampia. Ricordate che questo è un libro sulle competenze di vendita, non una guida di marketing! Per massimizzare il potenziale di questi canali di comunicazione, potreste anche prendere in considerazione altre risorse specializzate.

Tuttavia, è bene considerare i principi che stanno alla base di ciascuno dei canali citati e il modo in cui possono contribuire ad aumentare il successo delle vostre vendite.

database

Non c'è dubbio che un buon database sia il fulcro di tutti i processi di gestione dei clienti. Il database deve contenere tutti i dati di contatto di tutti i clienti, fornitori e potenziali clienti. Dovrebbe anche mostrare il valore finanziario passato e quello futuro dell'azienda. Dovreste poi tenere un record biografico aggiornato di·ogni persona nel database, in modo che gli altri possano capire le vostre relazioni e memorizzare fatti utili. Ogni record dovrebbe contenere una cronologia dei contatti e della corrispondenza, in modo da ricordare sempre le informazioni più importanti. Inoltre, la possibilità di impostare piani previsionali e promemoria evita la necessità di una memoria perfetta.

Una decina di anni fa, i sistemi che fornivano questo servizio richiedevano investimenti significativi e le PMI si affidavano a fogli di calcolo, agende e file dei clienti. Tuttavia, grazie ai progressi della tecnologia, oggi è possibile accedere a un software che fornisce questa struttura senza ulteriori spese. Digitate "sistema CRM aziendale" in un motore di ricerca e troverete un numero sorprendente di opzioni.

drop-in

Trascorrere del tempo a tu per tu con i vostri contatti più importanti può essere un modo efficace per ricordare ai clienti di fare acquisti presso di voi. Ciò può avvenire attraverso incontri diretti quando vi trovate nella loro zona. Ogni volta che incontrate un potenziale cliente, a volte senza preavviso, a volte con poco preavviso o durante un incontro programmato, avete la possibilità di influenzare la vendita. Quando incontrate i clienti esistenti, è un'occasione per rafforzare ulteriormente il rapporto e scoprire nuove aree in cui potete aiutarvi a vicenda. Quando incontrate un partner commerciale, è anche un'occasione per condividere i dettagli di contatto e le opportunità di ulteriore sviluppo commerciale. Pianificate i futuri incontri con clienti e potenziali clienti e stabilite delle aspettative minime per ogni contatto. Uno dei motivi principali per cui si lascia un partner commerciale è che non ci si sente apprezzati. Gli incontri faccia a faccia sono un ottimo modo per dimostrare che ci tenete. Inoltre, tenetevi in contatto con loro per quanto riguarda i piani di viaggio futuri e contattateli quando sapete di essere in zona.

Informazioni sul telefono.

È già stato dimostrato che le telefonate sono un catalizzatore per far accadere le cose. Non dimenticatevi anche dei clienti esistenti e chiamateli regolarmente per discutere dei progressi e dei piani futuri. È l'occasione per verificare la loro soddisfazione per il lavoro svolto fino a quel momento e per conoscere i loro progetti e ciò che potete fare per loro. Le telefonate periodiche possono essere non annunciate o programmate. Un contatto regolare con i principali partner commerciali assicura che siate sempre presenti e che vi considerino una parte importante del team. Pensate a quanto sia facile perdere tempo quando si viaggia per lavoro o si è in viaggio. Preparate una lista di chiamate che possa trasformare un periodo di basso profitto in un'attività di vendita ad alto profitto, entrando in contatto con la vostra base di clienti e creando ulteriori opportunità.

Newsletter.

.L'invio regolare di newsletter cartacee ai clienti esistenti è un ottimo modo per mantenere i clienti e gli affari con voi, può assicurarvi di essere al centro dell'attenzione e probabilmente ha un tasso di consegna molto più alto rispetto alla corrispondenza elettronica. La domanda sulla frequenza di pubblicazione di una newsletter rimane senza risposta. A mio avviso, la frequenza dovrebbe essere costante e si dovrebbe scrivere ogni volta che si ha qualcosa da dire. Come pubblicazione cartacea, deve essere facile da leggere e ricca di immagini. Dovrebbe essere un intrattenimento leggero, tenendo conto che viene letta come pausa dalla vita quotidiana. Gli invii fisici stanno diventando sempre meno comuni, quindi consegnare qualcosa di valore ai clienti in questo modo è un buon modo per condividere informazioni e segnare l'occasione.

Newsletter elettroniche.

La differenza principale tra una e-newsletter e una newsletter cartacea (.) è che quando si invia una newsletter, pochissime persone la leggono, per non parlare di quelle che la aprono davvero. Pertanto, assicuratevi di inviare le vostre e-newsletter alla stessa ora ogni trimestre, in modo che le persone si aspettino di riceverle. Fornite valore aggiunto e fornite solo informazioni che possano essere utili. Le caselle di posta elettronica sono piene di e-mail di scarsa qualità (.), quindi avete bisogno di qualcosa di ragionevole per filtrare il rumore. e. newsletter è il "guanto di sfida" per tutti i vostri contatti, tutti quelli con cui avete avuto contatti e che vi hanno permesso di rimanere in contatto con voi. È l'unico pezzo che potete consegnare a tutti coloro che avete contattato e a cui avete permesso di rimanere in contatto con voi.

Trattateli come tali e fate in modo che siano solo qualcosa per cui potete impegnarvi ed essere orgogliosi.

blog

È un ottimo strumento per posizionarsi come esperto del proprio settore. Idealmente, un blog dovrebbe essere collegato al vostro sito web, consentendovi di pubblicare regolarmente i vostri pensieri, le vostre idee e le vostre opinioni, rendendole interessanti per i vostri interlocutori. Un blog vi permetterà di condividere informazioni eccellenti, di farvi trovare più facilmente dal vostro mercato di riferimento e di condividerle con i vostri clienti esistenti. Il collegamento agli articoli nella vostra newsletter può aumentare il traffico verso il vostro sito.

I contenuti del blog dovrebbero iniziare esaminando le domande più frequenti nel vostro settore e scrivendo risposte ben scritte. Questi contenuti possono essere condivisi da voi e da altri quando necessario, fungendo da risorsa per la vostra efficienza e aggiungendo credibilità ai vostri consigli ai clienti potenziali ed esistenti.

Presenza su Facebook.

Facebook è oggi la più grande comunità online del mondo e attira l'attenzione dei consumatori di lingua inglese. nella maggior parte dei mercati.

Le pagine possono essere uno strumento per costruire credibilità e comunicare con i fan, mentre i gruppi di Facebook possono essere un modo efficace per rimanere in contatto con clienti che condividono la stessa esperienza. I profili personali devono essere solo personali. Inoltre, sfruttate al meglio il vostro tempo creando gruppi di supporto per i prodotti chiave.

Una delle maggiori frustrazioni che devo affrontare su una piattaforma come Facebook è il panorama in costante evoluzione delle strategie che funzionano. Capite che ciò che funziona oggi potrebbe non funzionare altrettanto bene domani, e questo è sempre il caso. Per creare uno standard minimo di performance per i post e l'engagement, potete poi sperimentare le opzioni pubblicitarie a pagamento e altre strategie per diventare più specifici nel targeting e nella messaggistica. Mentre sperimentate, testate ciò che funziona e assicuratevi di investire energie e risorse solo in ciò che vi porta risultati.

Account Twitter

Immaginate Twitter come la stazione ferroviaria più affollata dell'ora di punta di sempre. . Le conversazioni si svolgono ovunque, non si sa cosa dire o chi ascoltare, ma senza dubbio ci saranno conversazioni interessanti.

Twitter è molto utile per ascoltare gli altri e partecipare alle conversazioni piuttosto che cercare di dire qualcosa di profondo. Seguite tutti i vostri clienti chiave e prestate attenzione ai loro post. Ritwittate i loro post e partecipate alle loro discussioni per renderli consapevoli della vostra presenza.

Istruire i clienti su come utilizzare il simbolo # quando si raggruppano le informazioni può essere un modo efficace e semplice per comunicare in gruppo. Monitoreremo le conversazioni su questa pubblicazione utilizzando #exactlyhowtosell, quindi cercatela su Twitter.

Account LinkedIn

Connettersi con tutti i vostri clienti esistenti su LinkedIn offre notevoli vantaggi. In primo luogo, potete imparare molto su di loro grazie ai loro profili personali dettagliati, oltre a ottenere un modo per contattarli direttamente. Le e-mail di linkedIn e. hanno spesso un tasso di apertura più elevato rispetto alle normali e-mail di massa e. , quindi possono attirare la vostra attenzione in modo più efficace. Può anche essere un ottimo modo per attirare la vostra attenzione. Un ulteriore vantaggio è che se il vostro contatto cambia lavoro, potete contattarlo come individuo piuttosto che attraverso l'azienda. In questo modo sarà più facile ricontattarlo quando assumerà un nuovo ruolo.

Un ulteriore strumento di LinkedIn è la possibilità di creare gruppi. Creando gruppi per i vostri clienti, potete avere un ulteriore modo di comunicare, creare una comunità per loro intorno alla vostra area di competenza e aggiungere un grande valore come leader in quello spazio.

Sito web.

I siti web sono un ottimo strumento per gestire i clienti esistenti: ogni volta che portate qualcuno sul vostro sito web, avete l'opportunità di introdurre ulteriori prodotti e servizi. Se offrite risorse ai vostri clienti, potete renderle disponibili attraverso il vostro sito web e introdurre ulteriori offerte e prodotti finché non raggiungono le risorse che stanno cercando. I social media e le campagne e-mail. possono indirizzare il traffico verso il vostro sito e un'offerta ben. posizionata porterà risultati. Le campagne possono anche spingere i clienti esistenti a visitare il vostro sito.

Ricezione.

Le grandi aziende conoscono il valore di attrarre i clienti migliori e di creare scenari di ospitalità di alto livello. . Attirare i clienti e dimostrare il loro valore è un modo comprovato per aumentarne la fedeltà. Il lancio di nuovi prodotti, gli eventi stagionali, le celebrazioni e i trasferimenti di uffici possono essere utilizzati come pretesto per attirare i clienti. I clienti esistenti possono essere invitati come VIP e gli eventi possono essere resi ancora più riusciti invitandoli a portare amici che potrebbero diventare futuri clienti. Documentate questi eventi con video e foto, condivideteli sui media digitali e incoraggiate i partecipanti a fare lo stesso per ottenere il massimo ritorno sugli investimenti.

lettera

L'attenzione si concentra sulle lettere che già inviate ai vostri clienti (estratti conto, solleciti, fatture, ecc.). Ognuna di queste lettere offre un'opportunità di vendita e tutte le comunicazioni in uscita possono trasmettere messaggi aggiuntivi oltre all'obiettivo primario. Considerate il valore aggiunto che si può ricavare da tutte le mailing list aggiungendo un piccolo messaggio o includendo comunicazioni secondarie. Ogni comunicazione offre un'opportunità di vendita commerciale e sta a voi farla fruttare.

Distribuzione via e-mail.

e. A differenza delle newsletter, questo pezzo è progettato per provocare una risposta o un'azione da parte del lettore. e. Le campagne e-mail possono rimanere sorprendentemente efficaci se si seguono alcune semplici regole.

- Avete l' autorizzazione all'invio e il destinatario ha scelto di ricevere e-mail promozionali da voi.

- La vostra offerta è mirata e pertinente al destinatario e non è un approccio generico.

Una volta individuati i clienti giusti, ci sono diversi ostacoli da superare.

Barriera n. 1: l'apertura dell'offerta.

e. Far aprire un'e-mail è una sfida. Dipende da un oggetto convincente e da un indirizzo mittente affidabile. Come per i giornali, migliore è il titolo, più alto è il tasso di apertura. Le righe dell'oggetto dovrebbero essere progettate con l'obiettivo di far aprire le e-mail e. piuttosto che etichettare il contenuto delle e-mail e. .

Il modo più efficace per aumentare i tassi di apertura è la curiosità e l'interesse. .Se fate in modo che i destinatari siano interessati al contenuto delle vostre e-mail, saranno più interessati ad aprirle. Osservate con attenzione gli oggetti che arrivano nella vostra casella di posta e cercate di farvi influenzare da oggetti intriganti.

Barriera n. 2: convincere le persone a leggere l'offerta.

e. Quando un'e-mail viene aperta, il lettore decide di riflesso se leggerla o meno. La frase di apertura deve coinvolgere il lettore e incoraggiarlo a leggere il resto del messaggio. I sottotitoli possono aiutare a guidare il lettore e a semplificare la lettura.

Barriera n. 3: convincere le persone ad agire.

Affinché la vostra offerta venga letta, è molto importante che l'invito all'azione sia chiaro, evidente e ripetuto. L'invito all'azione per il lettore deve essere il più semplice possibile e rappresentato in passaggi chiari e semplici. La confusione in questa fase si tradurrà in nessuna azione e in nessuna vendita. Ripetere l'invito all'azione due o tre volte può aumentare significativamente il tasso di clic (.). Un'altra area in cui gli inviti all'azione possono essere ripetuti è la postfazione.

Fornitura di pubblicità diretta per corrispondenza

La pubblicità diretta per corrispondenza ha visto diminuire i suoi ritorni in molti settori, ma credo che finché avrete una casa con una cassetta della posta, la pubblicità diretta per corrispondenza sarà presente nel vostro percorso di comunicazione. Con la diffusione del marketing digitale, i mailing a risposta diretta possono essere la nuova opzione. La chiave del successo sta nell'esecuzione e la personalizzazione, la creatività e l'autenticità possono funzionare in questo settore.

Sulla base del successo dei biglietti scritti a mano, spesso collaboro con i clienti per produrre. campagne di direct mail a basso volume, mirate e molto personalizzate. Un test recente che ho condotto ha misurato il numero di richieste di informazioni utilizzando un mailing diretto molto semplice (.). Un invito stampato a un evento è stato inviato a 100 clienti esistenti del cliente; 50 sono stati inviati con una lettera di presentazione generica e non hanno ricevuto alcuna richiesta. Le altre 50 sono state inviate su cartoline (.) con un breve messaggio scritto sopra e incollate su un volantino prima di essere spedite. Di conseguenza, dai 50 inviti sono arrivate otto richieste di informazioni.

. Pensate a come costruire una campagna di direct mail a basso volume, mirata e personalizzata, che abbia un grande impatto sulle persone giuste e susciti una forte azione da parte dei vostri clienti esistenti.

regalo

I regali aziendali esistono da anni e il mercato dei regali è un settore enorme. Tuttavia, continuo a vedere il fallimento di regali aziendali benintenzionati che offrono poco valore al cliente e uno scarso ritorno sull'investimento. Quaderni, calendari, tappetini per il mouse, portacellulari, penne economiche e palline antistress sono tutti regali che ho ricevuto e che sono passati sulla mia scrivania senza pensarci due volte.

Considerate regali che aggiungano valore a voi stessi e che siano di reale utilità per i vostri clienti. Considerate i loro hobby, il loro stile di vita e i loro interessi e rendeteli personali.

Per me funziona molto bene regalare i grandi libri che ho letto. Se leggo un libro che penso possa essere utile a qualcuno della mia rete, spesso ne compro una copia e gliela invio con i miei complimenti.

Lo scopo di un regalo è dimostrare che si tiene alla persona e che ha un valore reale per lei.

Spingersi indietro.

Tutti i leader aziendali e i responsabili delle decisioni amano i riconoscimenti. Che si tratti di un semplice ringraziamento o di un ricco riconoscimento, se fatto con sincerità può essere un ottimo modo per aggiungere valore ai vostri clienti. Anche se esprimere gratitudine è il minimo indispensabile, ci sono molti modi per aumentare il livello di attenzione. Ad esempio, il vostro cliente potrebbe vincere un premio del settore, essere citato dalla stampa o vivere un evento significativo della sua vita. Quando ciò accade, festeggiate i loro successi e contattateli. Fategli sapere che anche voi state festeggiando il loro successo inviando loro un biglietto, un ritaglio di giornale o una nota di ringraziamento.

Seguire le comunicazioni personali e professionali dei clienti e cercare in modo proattivo le opportunità per riconoscere il loro successo ..

Certificati e premi

Come potete dimostrare i vostri rapporti con i clienti? Che si tratti di una garanzia sul prodotto, di una prova di fedeltà, della partecipazione a corsi di formazione o eventi, il nome del cliente su un foglio di carta con il vostro logo, che può essere incorniciato ed esposto, rafforzerà il valore che riceve da voi.

Mettere questi oggetti nelle loro mani è un'ottima occasione per esporli, ricordare loro il valore che offrite e potenzialmente farli parlare di voi, anche se non siete presenti.

messaggio di testo

È l'unico mezzo di comunicazione che quasi sicuramente verrà aperto e letto. Le persone controllano il cellulare nel bel mezzo di una conversazione, quindi il mondo può fermarsi per un SMS. I messaggi di testo dovrebbero essere usati come promemoria tempestivi per azioni semplici. Uno degli usi migliori che ho visto è quello di un rivenditore di consegne di fast food che invia via SMS la sua ultima offerta ai clienti precedenti il venerdì pomeriggio. Pensate a come gli SMS possono essere utilizzati per ricordare un'offerta scaduta, per presentare un invito a un evento o semplicemente per riconoscere un evento importante nel loro mondo.

Ascoltano tutti le stesse stazioni.

Una parte importante della comunicazione con i clienti è capire che stanno ascoltando solo una frequenza. La stazione che stanno ascoltando si chiama Wii FM, che sta per "What's in it for me?". Ogni volta che si parla, bisogna mettersi nei panni del cliente e chiedersi "e allora?". dovete chiederlo a voi stessi. Così facendo, tutte le vostre comunicazioni saranno proficue e avranno in mente gli interessi del destinatario.

È il pensiero che conta

Se guardiamo alla nostra vita, probabilmente possiamo contare sulle dita di una mano il numero di volte in cui siamo stati colpiti da riconoscimenti, elogi o ricompense.

Infine, prendete in considerazione la possibilità di riconoscere coloro che sono di valore per voi e per la vostra azienda.. Nella società odierna, caratterizzata da ritmi frenetici, dedicare del tempo a riconoscere gli sforzi compiuti al di là del proprio dovere darà alla vostra azienda un vantaggio e vi distinguerà dalla massa. Che si tratti di premiare il vostro team per l'eccellenza, di mostrare apprezzamento ai clienti stimati, di celebrare i successi con i partner o di mostrare apprezzamento ai potenziali clienti, il successo nelle vendite è un'amplificazione delle relazioni che avete costruito. La vera cura è sempre in voga.

Le ricompense finanziarie possono essere un incentivo, ma raramente sono l'opzione migliore e possono essere molto costose nel tempo. Avete sentito il detto "è il pensiero che conta", e nel mondo degli affari questa può essere una grande opportunità per voi di brillare. Lodate di cuore i vostri dipendenti quando raggiungono dei risultati, ringraziate i vostri clienti in ogni occasione, fate sapere ai vostri partner che i loro sforzi sono apprezzati e fate tutto il possibile per fare il passo più lungo della gamba.

e. In un'epoca in cui le e-mail abbondano e il mondo è sempre più mobile, è importante tornare alle origini quando si tratta di farsi notare. Per questo è importante inviare un biglietto o una lettera scritta a mano per dimostrare il proprio apprezzamento, anche se si tratta di qualcosa di così banale: "Grazie". Credo che sia possibile creare business inviando biglietti a clienti e potenziali clienti. La sincerità del messaggio è importante. In questi casi è importante dire: "Certo". Scritto a mano e con cura.

Se volete ottenere risultati diversi ed essere percepiti come diversi dai vostri concorrenti, iniziate ad agire in modo diverso.